聪明人是
如何带团队的

邓琼芳◎编著

云南出版集团

云南美术出版社

图书在版编目（CIP）数据

聪明人是如何带团队的 / 邓琼芳编著 . -- 昆明：
云南美术出版社，2020.12
ISBN 978-7-5489-4337-2

Ⅰ . ①聪… Ⅱ . ①邓… Ⅲ . ①团队管理—通俗读物
Ⅳ . ① C936-49

中国版本图书馆 CIP 数据核字 (2021) 第 008663 号

出 版 人：李　维　　刘大伟
责任编辑：汤　彦　　王飞虎
责任校对：钱　怡　　李　艳

聪明人是如何带团队的

邓琼芳 编著

出版发行：云南出版集团
　　　　　云南美术出版社
社　　址：昆明市环城西路 609 号（电话：0871-64193399）
印　　刷：永清县晔盛亚胶印有限公司
开　　本：880mm×1230mm　1/32
印　　张：7
版　　次：2020 年 12 月第 1 版
印　　次：2021 年 3 月第 1 次印刷
书　　号：ISBN 978-7-5489-4337-2
定　　价：38.00 元

前　言

一个篱笆三个桩，一个好汉三个帮。随着时代的发展，越来越多的人意识到单打独斗不管在什么时候都不是最好的选择。特别是现代企业开始谋求快速反馈、沟通顺畅的扁平化管理，化整为零，将大企业变成多个小团队的经营模式已经逐渐成了主流。我们如果想要在事业上获得发展，那么势必要适应小团队合作的潮流，拥有足够打造团队、管理团队的能力。

团队的主体就是人，打造一支好的团队，好的团队成员是必不可少的。那么，什么样的团队成员才适合你呢？这是个非常重要的问题。一个"好"字，远远不能代表选择团队成员的标准。相同的价值观，互补的能力，以及能够和谐相处的个性，都是我们在选择团队成员时需要考虑的。只有谨慎选择，宁缺毋滥，才能保证团队的和谐，保证团队是具有凝聚力、向心力的。

选好了团队成员，就要管好团队成员。好的管理制度能够保证我们精挑细选的团队成员越来越好，而不是因为糟糕的制度离开团队，或者是变成一些混日子的老油条，损公肥私的蛀虫。

在我们选好了团队成员，制定好了团队制度以后，剩下就是我们要修炼的东西了。我们作为一个团队负责人，作为一个聪明人，内功的修炼是必不可少的。只有保证了我们自己有足够的能力，才能够将队伍带得更好。

一个聪明的负责人，在管理团队成员的时候，要有雷霆，也要有雨露。如果只有雷霆，那么固然能够树立负责人的威严形象，但是团队成员的服从是建立在足够的利益的情况下，或者是负责人的强制要求上的。当团队遇到危机的时候，当团队负责人看不见他的时候，难免会懈怠，会降低自我要求，甚至会失去责任心。如果只有雨露没有雷霆的话，团队负责人缺少威严，指挥团队就会成为问题，交代下去的任务在细节上就会打折扣。那么，团队任务就不能保质保量地完成。

聪明人带队，会让团队效率更高，会让自己更加省力。聪明人带队，重点在于带。团队的意义在于避免一个人奋斗，每个人只要做好自己负责的事情就够了。作为带队的人，重要是将团队成员集合在一起，保证团队正常的运转，让团队内部气氛和谐、人员团结，这才是一个带队者的使命。

本书旨在将打造团队、运营团队的重点内容进行提炼，让想要打造团队、想要带领团队的人迅速上手，把握重点。

目　录

第一章　带队有风险，选人须谨慎

第二章　兵马未到，制度先行

第三章　路遥知马力，日久见人心

第四章　没有威严就没有话语权

第五章　自古套路撑不住，唯有真情留人心

第六章 懒人定律：你不给压力，他们就不给效率

第七章 给沟通加点技术，让团队更有黏度

第八章 如果赏罚搞不清，还奢望令出必行？

第九章 谁替下属背猴子，早晚把自己也累成猴子

第一章
带队有风险，选人须谨慎

人力永远是一个团队当中最重要、最宝贵的资源。如果我们带的团队有足够优秀的成员，那么这个团队就已经打下了成功的基础。所以，如何选择团队成员就成了团队成立之初最重要的事情。

团队成员的能力重要吗？团队成员的品格重要吗？那些将经济需求放在第一位的人适合纳入团队吗？这些，都是一个带队者需要面临的问题。

如果人都选不好，就别不自量力

时代要进步，企业要发展，人才要实现自我价值。一个团队没有优秀的人才，就意味着失去了竞争力，很难支撑未来的运转。只有当我们意识到人才的重要性，才会花心思去挑选、培养和任用人才。人才是否到位，已经成为团队输赢的关键。

著名的企业家比尔·盖茨曾说："如果把我们顶尖的20个人才挖走，那么，我告诉你，微软会变成一家无足轻重的公司。"一句话道出了微软对于人才的重视以及人才对于微软的重要性。人才是推动企业稳步发展的重要力量，失去了人才的支撑，企业的发展就会特别渺茫。

毫无疑问的是，企业中最重要的资源莫过于人才。公司资产固然重要，但想发展起来，还是要靠人来。千万不要对此有任何怀疑，在这个竞争激烈、同类企业众多的时代和环境中，离开了人，企业恐怕就要关门大吉了。

还有人提出客户最重要，可是客户是哪里来的呢？还不是靠公司的人才来发现、开发、维系？微软会重视人才不是个例，许多行业内的顶尖公司都重视人才的培养，足见人才的重要性。现代企业都在追求高效率和高收益，对团队里的人才要求更高。硬件再好也只是硬件，没有人才去充分地利用，它们只不过是一堆废铁。

想要成为一个聪明的团队管理者，就要学会辨别人才的特点以及特长。人才的性格不同，必然适应的岗位也不一样。所以，一个聪明的团队管理者，可能不是一个全能者，但他一定拥有一双火眼金睛去识别人才、运用人才。当一个管理者建立起自己选拔人才的标准，善于选拔和任用头脑灵活之辈，就能为他的领导生涯奠定坚实的基础。

清朝时期商业繁荣，造就了不少经商的人才。传说在浙江杭州，就有一个非常厉害得商人，名叫石建。这个人头脑聪明、慧眼识珠，同时又信奉"天时、地利、人和"的经商理念。所以他格外重视人才的选拔，也从不交代给属下，而是自己亲自考验和选拔。

石建的生意越做越好，他越来越亟须一个助手。因此，他决定招聘一个理想的人选。不过，他并没有直说要招聘助手，而是在布告中说明本店招收徒弟，并列举了具体条件。有三个面试对象石建感觉都不错，于是决定用一种特别的方式进行考察。

到了面试这天，三位候选人一进门，石建便安排他们到厨房去吃饭，然后再面谈决定谁留下。不一会，第一个面试者吃完饭，走到店前，石建问他："吃好了没有？"这人回答说："吃饱了。"石建又问："吃的什么饭呢？"这人回答说："饺子。"石建再问："吃了多少个？"这人又回答说；"一大碗。"石建说："你先休息一会儿。"

紧接着，第二个面试者也吃完饭来到店前，石建问他：

"吃了多少饺子？"这位面试者回答说："40个。"石建也叫这个人到旁边休息一会儿。

不一会，第三个面试者也吃完了。石建以同样的问题问他时，他和其他两人的回答有所不同，只听他说"第一个人吃了50个，第二个人吃了40个，我吃了30个。"听完他的话，石建立马决定将他留下。

大家都很好奇，为什么石建看中了第三个人？石建说："第一个人头脑不灵，只管吃，不计数；第二个人只记自己的，不管他人；唯有第三个人，既知自己，又能注意观察别人，而这一点正是生意人必须具备的眼观六路、耳听八方的潜能。"

果然如石建所预料的那样，第三个人留下后，工作表现得精明强干，头脑灵活观察力强，很快成了石建的得力助手。这让石建的生意蒸蒸日上，成了当地有名的成功商人。

不管从宏观角度看，还是微观角度看，人才都是推动企业健康发展的力量源泉，人才是企业发展的决定性因素。古有"三顾茅庐"，今有"千金易得，一将难求"。当我们意识到企业的核心竞争力就是人才的时候，自然会分配更多的财力物力到培育、拥有和运用人才上面。只有做到了这一点，才能真正运营好整个公司。

日本索尼公司曾经提出：只有一流的人才，才会造就一流的企业，如何筛选、识别、管理人才，并发挥其最大价值，为企业所用，是管理者最需要重视的问题。他根据自己的标准，把人才

分成三类：第一类人才，有着高昂的内在激情，也有着较高的外在能力；第二类人才，有着高昂的内在激情，但缺乏较高的外在能力；第三类人才，有着较高的外在内力，却缺乏高昂的内在激情。

团队中不可能全都是第一类人才，第二类第三类都是我们身边的同事，关键看管理者如何安排工作。安排得好，大家团结起来给企业创造的价值不是简单的加法关系，而有可能是乘法关系，甚至平方、立方的关系。而安排不当，有可能会给公司造成损失。

第一类人才，对于团队来讲这类人才是最理想的管理型或专业带头型人才，给这一类人才充分的权力，让他们在宽松的环境中充分发挥聪明才智，实现他们自己的目标。也要赋予他们较高的责任，促使他们最大限度地发挥释放其创造能力，从而形成强大的组织合力，推动团队向健康、良性的方向发展。第二类人才，管理者要做的就是肯定他们的激情，就像对待小孩子一样，要多鼓励，少批评。要知道，这时候对他们的鼓励，可能会引爆他们最原始、本能的、潜力最大的激情。第三类人才多为专业领域中的技术性人员，他们是组织中价值很高的财富。通常看来，这类员工对于自己的职位和长期发展方面没有明确的目标，需要管理者给予激励和鞭策。

管理者的工作并不好做，但是一旦选好人，整个团队就能变得强大有力量。因此，把精力分配给人才选拔，是当成功管理者的第一步。

考核人才素质，都要基于个人品质

什么样的是人才？我们认为一个理想的人才，既要有才又要有德。德与才少了其中任何一个，都无法满足我们对人才的定义。品行端正的人，同时具备卓越的才能，这是优秀的人才。没有品行的人，即便他是个天才，也不能重用之。

德才兼备几乎是所有人评价人才的一项重要标准。因为二者少了其中任何一个，都算不上理想的人才。有了好品行，又有一定的才能，方可称为优。相反，如果品行不过关，即便才能凌驾于他人之上，也只能算劣才一个。

"一个知识不全的人可以用道德去弥补，而一个道德不全的人却难以用知识去弥补。"一个人的才能不够出色，但是能够用他的努力和别人的帮助来弥补，最终也是个优秀的人才。但是，如果一个人的品德低劣，那么知识也弥补不了这个缺陷。所以，作为团队的管理者，一定要记住选拔人才的标准。因为好的人品能成就好的企业，没有人品的员工，不仅自己没有发展前途，对公司和团队也是极大的威胁。

人才是团队和公司发展的根本，这是毋庸置疑的。所以，大家都疯狂地抢高学历、强能力的人才，希望能够组建一支业务无敌的队伍。但是我们会发现一种奇怪的情况，虽然有的企业精英荟萃，可是让人迷惑的是，在这样的企业或者团队里，却面临着发展动力不足的困境，甚至有的还惨遭淘汰。

为什么会出现这种情况？答案并不是太难以理解。拥有高智商与高学历的人才，并不是优秀的员工。我们需要从人品和道德方面综合考量，才能得到正确的答案。一个优秀的员工，是忠诚、敬业、服从、正直、诚信的，他们会像太阳一样给整个团队带来积极的力量。如果一个员工人品普遍低下，充满重重矛盾、钩心斗角、尔虞我诈、损公肥私的企业，又怎能发展壮大呢？所以，被淘汰是早晚的事。

司马光就人才有过这样的描述："以德为首，因为君子凭才能而行善，小人凭才能而作恶。"德才兼备的人是圣人，无德无才的人是愚人，德高于才为君子，才高于德为小人。才是德的辅助，没有德行的人，即便拥有一定的才能，也成不了大事。历代君王，但凡因才能而忽视了品德的，最终的结果都不是太好。

曾国藩任用人才的思路跟司马光一致，他也认为在德和才之间，品德带来的影响力更为强大。他拥有一双擅长识别人才的慧眼，也因此培养了许多的栋梁之材。就是因为他注重人的德品。那些忠诚、勇敢、淳朴、踏实而又正直的人，都能够成为有前途的人才。他认为："德就是在政治上要忠于自己的信仰与事业，要能心甘情愿地为之竭尽全力；在作风上要质朴实在，能吃苦耐劳；在精神上要坚韧不拔，顽强不屈。"

有一次，曾国藩的学生李鸿章向他推荐了三个年轻人，希望能够得到曾国藩的重用，做出一番成绩。这三个人在一个太阳极好的午后，同时拜访曾国藩。但是，曾国藩却迟迟不出来接见，而是让他们在大厅中等待。

三个年轻人本来在大厅静静等待，但时间一长，就看出了不同。一个人在屋里看来看去，像是研究屋里的摆设；另外一个人坐在椅子上一动不动，十分端正；还有一个人站在门口处，时而抬头看看天空云朵。渐渐地，前两个人都沉不住气了，很明显对主人的"怠慢"十分不满。但是第三个人却面不改色，依然是淡定地看门前云卷云舒。

他们想不到，曾国藩其实并没有忙什么，他就是要考察一下他们。看到这一切后，曾国藩走到大厅，和他们攀谈起来。几轮谈话下来，曾国藩又有了新的发现：四处观察屋内摆设的年轻人和他很有共同语言，讲起话来滔滔不绝，另外两个人则显得沉默寡言。但是，那个一直在门口欣赏美景的年轻人虽然话语不多，但常常语出惊人，见解独到，偶尔还会顶撞他。天色渐晚时，三个年轻人起身告辞。

曾国藩根据自己的观察，给三个人做出了职位安排：他将顶撞自己的年轻人派去军前效力，让那个沉默寡言的年轻人去管理钱粮马草，而那个与他很谈得来的年轻人只是做了一个有名无权的小官。这个结果让很多人都非常意外，不知道他是根据什么来安排的。为什么他把交谈甚欢的人安排做了个小官，却把最好的机会留给了那个与他争辩的年轻人？

对此，曾国藩淡然一笑："跟我能说到一起的年轻人，在大厅等待的时候，就认真观察大厅的摆设，他与我说话的时候，很多东西他并不懂，只是投我所好而已。而且，在背后发牢骚发得最厉害的就是他，但见了我之后，他却最恭

敬。由此可见，他是个表里不一的人，有才无德，不可委以重任。那个沉默寡言的年轻人，说话唯唯诺诺，没有魄力，但性格还算沉稳，至多可做刀笔吏。而那个顶撞我的年轻人，虽然在大厅里等待那么长的时间，却毫无怨言，还有心情观赏浮云，这份从容淡定就是少有的大将风度，即便是跟我辩论，他还能不卑不亢地说出自己的独到见解，可见品德高尚，是难得一见的人才，我当然要提拔他。"

听了他的一番讲解，大家恍然大悟。

时间最终证明了曾国藩的眼光，那个被他提拔重用的年轻人，是我们熟悉的刘铭传。经历过战争的他，快速成长为名将，并被封了爵位。直到他年迈之时，依然能带领人民抵抗外侮，是人们敬佩的民族英雄。

所以，一个聪明的团队管理者，在选拔人才时，要谨记以下原则："有德有才重用，有德无才可用，无德有才慎用，无德无才弃用。"因为，人的才能可以培养，而德行却难以弥补。

当品质过关，自然是能力优先

人才如茫茫大海中的珍珠，需要用发现的眼睛去挖掘出来，并委以重任。但这些"珍珠"一定有高学历吗？答案是否定的。没有能力的人，即便有高学历作为招牌，也很难做出成绩。所以，在确定对方的品质高尚之后，就要考验他的才能究竟如何。

否则，就没有必要浪费时间。

"我劝天公重抖擞，不拘一格降人才。"龚自珍的呐喊，直至今日，依然为人们所震撼。作为管理者，在选拔和任用人才时，一定得将目光放在有能力且又能体现在成果上的人身上，即使他没有较高的学历，也应该加以重用。而那些只会捧着高学历时刻不忘吹嘘一把，却没有什么能力和成果的人，则没必要在他们身上浪费精力了。

曾经不少公司的招聘条件上，都写着这么一条"学历本科以上"；如今，很多招聘本科以上的公司，还会额外加上一条"能力突出者学历可放宽"。这个变化充分说明，大家对人才的态度，已经悄悄发生了转变。从前我们都是侧重高学历，认为学历高的人其能力也高。但是，随着职场上"重能力、轻学历"的呼声越来越高，大家开始审视自己的观念。学历高可以说明接受教育的程度高，也能说明人投入了智慧，但并不能说明高学历的人就拥有高能力。同样，高能力的人未必就有高学历傍身。

企业管理者中还有很多人存在认知上的误区，他们认为学历和能力是对等的，是成正比的。造成的后果就是，管理者在选拔人才的时候，唯高学历为选人的标准。从本科到研究生再到博士生。但是这样做真的能招到真正的人才吗？狭隘的用人眼光会阻碍公司的发展，应该放长远自己的目光，重视人才的能力，而非他们的学历。

企业里按资排辈这种做法，本身就是限制人才的发展。人才得不到挑选和适当地安排，只会忽略和压制真正的人才。所以，我们有必要忽略人外在的东西，那些学历、外貌都不重要，重要的是真本事。古人曾指出："资格为用人之害"，只有唯才是用、不拘资历，才能得到真正的人才。

元朝有一名叫安童的英才，他是元初"开国四杰"之首木华黎的孙子。因为他祖父的功绩，他十三岁的时候就被入长宿卫，位上百僚之上。虽然出身名门，但是他并非不学无术。胸怀大志的他，勤奋读书十分刻苦。

在他十六岁的时候，元世祖忽必烈与阿里不哥在争夺王位中获胜，一举率军拘捕了阿里不哥的党羽千余人，元世祖问安童："我想将这些人杀掉，以绝后患，你认为怎么样？"当时的安童是这么回答的："以臣之见，自古以来，人各为其主，他们跟随阿里不哥也是身不由己，这由不得他们选择。陛下现在刚刚登上王位，要是因为泄私愤而杀了这些人，那又怎么能让天下人诚心归附呢？"

他这一番话说出来，让元世祖十分震惊："你才十六岁，是如何拥有这样的见识？我不会杀他们，我只是随口一说而已。"

因为这一次问答，元世祖开始对安童格外关注。果然，他发现安童是个非常有能力的少年。不管是人情世故，还是情商能力，他都是当朝的佼佼者。所以，等到安童十八岁的时候，元世祖决定把他提拔成中书右丞相。这在当时，可是绝无仅有的事情。

但是安童并没有接受，他分析道："虽然大元已经安定了三方，但江南还没有归属朝廷，臣年少资轻，恐怕四方会因此而轻视朝廷，还请陛下另请高明。"但是元世祖主意一定，并没有收回成命的意思。

一个偌大的王朝，却选用一个十八岁的少年为丞相，实在是罕见。

安童的担心不是没有道理的，很多人因此来劝说元世祖，让他不要过于相信一个小孩子。元世祖语重心长地说："如果用人按资论辈，那我岂不是要等到安童三四十岁，甚至更老的时候才能提拔他。那时的安童可能已经锐气全无，才思迟钝，这将是对人才的扼杀。"

后来，嫉妒安童的权臣们想削夺他的实权，建议设尚书省让阿合马主持，而让安童居三公之位。大臣们讨论来讨论去，最后还是元世祖决定："安童是我们的重臣。你们看似给他更高的职位，但是剥夺了他的权力，这是我不能同意的。"

元世祖认定安童的能力，力排众议许他高官实权。而安童没有辜负元世祖的期望，为元世祖效力长达31年，为元初国家的稳定和繁荣做出了巨大的贡献。

唯才是举，才能让聪明的管理者得到更多的人才。不管学历高低，投身到工作中，能力二字还是最重要的。对待人才，既不要在乎学历，也不要在乎外表，而要真正尊重对方的才华，深入了解其内涵，再去判断其是否为人才。尽管其中的道路并不平坦，但只有摘掉有色眼镜，才能真正地发现人才。

只以高薪为追求，这样的人留不留？

赚钱是工作的最低级追求，如果一个人把高薪定位为最终目标，那么这样的人的确不应该留。

公司人事经理在面试新员工的时候，大部分都会问这么一个问题：你希望得到的薪水是多少？你觉得你能给公司带来什么？从这个角度去考察新员工，是想识别他们选择工作的目的是什么，是不是只是为了追求薪水还是有薪水以外更高的追求。

西蒙·波伏娃曾说："不可过分追逐金钱，金钱本身给你带来不了什么；追逐金钱，会给人一种为了活着而活着的感觉。为活着而活着是一种原始的生活，是文明的现代人所不能容忍的。"很多人工作跳槽，都是为了追求高薪水。这样做没有错，但是我们应该在此基础上，升华一下自己的价值观：工作既是为了糊口，也是为了实现自己的人生价值。

如果员工只看到眼前的薪水，却看不到薪水背后的工作机会，那么他们就不会快乐，也无法把自己投身到工作之中，更无法推动公司的发展。薪水的高低只是暂时的，一个人要想在工作上取得进步，就不要太计较得失，应该把工作看成一件可以令自己快乐的事。否则公司会淘汰这样的人，自己也会非常不快乐。

在一条街上，巡警与清洁工都在工作。不同的是，巡警是闷闷不乐、唉声叹气，而清洁工却十分开心，快乐地哼着小曲儿。

一个热心的人经过这里，看见了巡警不开心的样子便问道："你好，你看起来很不开心，是不是有什么事情困扰了你呢？"

"你帮不了我，我在思考我的工作。我没黑没白地辛苦巡逻，可只能赚到很少的钱，所以我觉得我的工作没有任何意义，而且在浪费我的时间和生命。"

"你一天赚多少钱呢？"热心人问道。

"15美元，是不是很可怜？"巡警垂头丧气。

此时，热心人又问了问旁边快乐的清洁工："你好，你每天扫大街，能赚到多少钱呢？"

"5美元。"他开心地回答道。

"你赚得并不多，可你看起来很享受你的工作啊，为什么呢？"热心人问道。

"为什么要不开心？虽然我没什么本事，干不了什么大事，但我可以用这5美元养活我的家人，我已经很知足了。"清洁工诧异地回答道。

"只有没本事的人才爱干扫垃圾的工作。"巡警很鄙视清洁工。

热心人此时严肃地看着清洁工："你错了，巡警先生，他在做自己认为有价值，并且还能得到快乐的工作。但是你呢？虽然你赚得比他多，但你却每天被工作奴役着，看不到自己的方向。我相信，虽然他现在是扫大街的，但几年之后，他一定比你赚得多。"

只在乎薪水的员工，忽视了自己的价值，更无法静下心来认真工作。一个带着怨气工作的员工，是很难提高效率更好地完成工作的。所以，只追求薪水的员工，很难成长。他们对企业不仅缺乏责任心，还缺乏忠诚。只要有人愿意用高一点的薪水雇佣他们，他们就会跳槽，他们所做的工作只是为了追求较高的薪水而已。

更可怕的是，一味追求薪水的员工，很难被满足。因为他们对高薪的渴望是没有止境的，就算老板一时冲动满足了他们的薪水欲望，没过多久他们还是会要求加薪。一旦公司不能满足他们，这样的员工自然会心生埋怨。

心生怨气的人会有多可怕？他们对工作斤斤计较，不是逃避就是敷衍。这种看似"精明"的做事态度，不管面对什么样的管理者，他们都不会服气，因为能让他们服气的只有薪水。这些的人眼里只有薪水，看不到其他的东西，更享受不到工作带来的乐趣。工作带来的成就感、合作的互助、同事之间的友谊，他们都看不到，也感受不到。

由此就形成了一个恶性循环，难以静心享受并投入工作，就得不到高薪；得不到高薪，就很难有工作动力。如果你是公司团队的管理者，会不会留下只看重薪水的人呢？答案自然是否定的。

因为家庭贫困，查理·斯瓦布小学没毕业就出来找工作，替家里减轻负担。十几岁的时候，他在一家大户人家负责赶马车，工资不算太低，让他足以为家里贡献一分力量。

但是他认为自己不能一辈子都在赶马车，所以，在他17岁的时候，他找到了人生第一份正式的工作。这份工作听起来不错，但是薪水有点低。低到什么程度呢？竟然比他赶马车的时候还要少一半。

如果换作一般人，早就换工作了。但是斯瓦布并不在意这一点，因为这份工作可以让他学习到很多东西，可以让他离开那个贫穷的山村。工作期间，斯瓦布每时每刻都在寻找机会。终于，在一次卡内基钢铁公司来他所工作的地方招聘工人的时候，他顺利地成了卡内基钢铁公司的工人。他的工资也随之涨到了日薪1美元。

他在工人的岗位上，也没有放弃进步。他边工作边学习，很快就成了一名出色的技师。成为技师之后，公司给他调整了薪资。此时他仍旧没有太在意薪水，只想多学点知识，能够让自己在公司立足。最终，他成为总工程师，又一飞冲天，他成为卡内基钢铁公司的总经理。到了他正式参加工作的第22个年头，39岁的斯瓦布一跃升为全美钢铁公司的总经理，年薪8万美金。

聪明的管理者识别人才时，首先要搞懂员工的价值观。一个不计较薪水而专注于提升工作能力的人，会得到应有的回报。团队中不可留眼睛只盯着钱的人，因为赚钱不是人生的目的，更不是最终目标。我们希望每个员工都能在工作中得到快乐与成就，得到发展和提升。

一个人的毅力，甚至重过他的能力

困难不是猛虎，却把那些没有毅力的人轻松打败，这样的人不该留着"扰乱军心"。

《老子》中有言："合抱之木，生于毫末；九层之台，始于垒土；千里之行，始于足下。"其中的含义不言而喻，成功都是来自坚持。人一生中会遇到无数困难，想要成功就要坚持，而坚持则来自人的毅力。身边有很多这样的例子：并不优秀的员工，在进入公司之后，通过孜孜不倦的坚持与努力，让自己变成了一颗发光的金子。

所以说，罗马不是一天建成的，成功不是一日就达到的。员工的毅力是一笔财富，因为人的态度决定行为，我们只有在工作中尽心尽力、积极进取，才能看到成功的希望。相反的是，如果员工只有能力而无毅力，每次遇到困难都会选择放弃，毫无毅力可言。那么，这样的人就没有留的必要了。

困难无处不在，面对困难人们难免会感到精疲力竭。在备受打击的时候，很多人都认为放弃是最好的选择，而放弃也是最简单的事情。但是如此想和做的人，最后都成为身边平庸的人。只有不甘平庸的人，才会选择用毅力和坚持面对。也许是几天，甚至几个月、几年，但是最后他们都收获了成功。

坚持对于成功来说，是不可或缺的元素。企业想要持久发展，既需要有创造力的人，也需要有能坚持下去的人。成功的白领或者金领，身上有个共同的特点，就是肯坚持不放弃。不放弃的人，在职场如鱼得水。而那些半途而废的人，忙碌了半生，依然还得四处求职谋生，是什么原因呢？其实就是他们不够坚持，老是跳来跳去，在任何行业都没有学到足以谋生的本事。

小米与琦琦是大学同班同学，都是中文系毕业。毕业后两个人应聘到同一家杂志社，从事自己喜欢的编辑工作。工作不好找，俩人的家庭环境也都一般。所以，她们俩相互打气：要在这里做出点样儿来，实现自己的人生价值。

虽然新人经验不足，但是两个姑娘干起活来都很卖命，甚至比一般的男同志更拼。就这样，两个人过了实习期后，终于等到了转正。但是有一天，小米对琦琦说："这个公司不行啊，咱来这么拼死拼活的工作，但是转正之后工资也没有涨太多，都不够自己花的。而且你看看，公司里这么些人，干多干少、干好干坏都一个样，也太变态了吧？"

琦琦不以为然："咱们刚来，是新人，老板和领导都忙，可能还没顾得上了解我们吧。"

小米却嗤之以鼻："咱们都过了实习期了，公司就这么几个人，有什么顾不上的。我看就是这家公司有问题。"

琦琦说："没事的，再坚持坚持，咱们总会好起来的！"

可惜，琦琦的安慰并没有起到什么效果。又过了几个月，小米对工作已经再没有激情了，她感觉自己即使工作不用那么努力，得到的薪水却跟仍在努力苦干的琦琦一样多。

19

她觉得在这里干好干坏一个样，如果在这里干下去，纯粹是浪费时间，就辞职不干了。

辞职后的小米，很快又找到了一份工作。但是她发现，这家公司跟之前那个一样，并没有太看重她的努力和付出。在她眼里，这家公司同样不适合她发展。于是，她又一次选择了跳槽。

几年之后，小米仍旧是新人。三番五次的跳槽，让她没有得到成长，也没有做出什么业绩。不管她来到哪家公司，都没有老板重视她提拔她。所以，她在行业里已经不如新人有竞争力了。

此时再看她的同学琦琦，一直在最初的那家工作，认真而又负责。现在她已经是部门的经理，薪资待遇都比小米要高很多，管理的员工也不少。

没有哪家公司喜欢员工流动，这会给公司带来损失。所以，聪明的管理者在选聘人才的时候，要想办法考验员工的耐力与毅力。即便是才能不佳的人，只要具备强大的毅力，就能通过自己的坚持，做出一番成绩，成为企业最需要的人才。即便是管理者考验他们，故意冷落或者分配最苦最累的工作，他们也并不会轻言放弃。

《吕氏春秋》记载了一种"六验读心识人法"，这"六验"当中有一验指的是"惧之以验其持"说的就是在恐惧的情况下考验他是否能够坚持到底，验其能否勇于负责，当铮铮好汉。诸葛亮在其《心书》一文中讲到如何读心识人时，提出了七条途径，其中一条是这样的：告之以祸难而观其勇。即观察对方在困难面前的表现，看他有没有知难而进的勇气和处事不惊的良好心理素质。

敢于坚持，让自己成为一个有毅力的人是赢得他人尊重的重要手段。一个人是否坚持也是识别他职业态度的一个标准。

著名影星史泰龙年轻的时候郁郁不得志，他穷困潦倒，连一件像样的西服都没有，但是他却坚持要写剧本、拍电影。

当时好莱坞有将近五百多家的电影公司，他就决定带着自己的剧本一一敲门。大家想不到他被拒绝了多少次吧？足足有一千五百次，这个数字真的太惊人。一般人被拒绝两三次，就会丧失热情与激情。但是史泰龙不放弃，他带着剧本开始第一千五百零一次的拜访。这一次，幸运之神终于降临到他的身上，他成功地打动了这个老板，投资拍他的剧本，并让他担任男主角。

再后来，他就是人人皆知的硬汉影星史泰龙。

毅力是一种强大的力量，它能支撑着人们一路奔向成功，不抛弃也不放弃。知难而退的人，不会懂得坚持的魅力，也不能享受到成功的喜悦。所以，管理者识别人才，要格外注重考查人的毅力。

团队若想高效，闲人绝不能要

做企业并非做慈善，千万别为了"场面"而养了一堆闲人，这会让企业背着沉重的负担无法前行。

随着市场经济的快速发展，企业对于效率的要求越来越高。团队领导人都认为"并不在多而在精"，通俗点讲叫作"一个萝卜一个坑。"高效的团队，要求每一个员工都有合适的职位，并有自己负责的事情。不用任何一个多余的人，不养闲人，才是用人上的智慧。在职场中，人多不一定会好办事。一旦团队想依靠人数取胜，就会让企业陷入拖沓的节奏中去。

所以，为了保证企业井然有序的运转，保证团队高效团结，很多公司都开始了大力度的改革。具体来说就是砍掉不必要的部门，裁减不必要的人员。这样一来，公司既可以减轻经济负担，还可以明确员工指责，提高行政效率。

团队要想运转得高效，就要好好安排人事工作。公司不是慈善机构，盈利为团队的初衷，人人都要为了这个目标进行奋斗。作为企业的管理者，一定要具体问题具体分析，千万不可盲目招人。这样会导致企业机构出现尾大不掉的局面，不会因为人多企业的力量才大，只会因为人多造成企业的负担。

我们都听说过一个故事，叫作《三个和尚没水喝》。在一座寺庙里，只有一个和尚的时候，他独自挑水喝；又来了一个和尚之后，这俩人合作抬水喝；再来一个和尚之后，这三个和尚在一起，却没人愿意去挑水，连喝的水都没有，最后导致庙里着了火都没有水灭火。这个故事就充分说明了，人多未必力量大，人多未必能够做好事。

不用多余的人，只用合适的人，是聪明团队管理者用人的办法。每一个岗位都有科学的定岗人数。如果只求员工数量不求质量，很容易造成鱼龙混杂的局面。俗语有云，"林子大了，什么样的鸟都有"，公司人员过多，人心不齐，对公司的发展理念不能认同，同样会对团队发展造成阻碍或者危害。用人不当，人员冗杂，都证明企业不能用多余的人。

现代企业管理需要精简的理念，而我们的古人更是早就有先知。历朝历代，凡是成功的明君，都会想办法调整行政机构，并对官场进行洗牌。

唐朝的明君李世民，在治理国家和臣子方面格外有心得。他的用人原则就是一条"官在得人，不在员多"。他曾经对自己的大臣们说："选用聪慧能干的官员，虽然数量少，但行政效率却极高；如果任用那些只知道阿谀奉承而没有实际才能的人，数量再多，也无济于事。"所以，在他的那个朝代，出现了许多有才能的臣子。

他还实行了精兵简政的治理措施。他曾经命令房玄龄对30个县的行政区域重新进行划分，实行精兵简政。此外，唐太宗还亲自监督精减中央机构，将中央文武官员由原先的2000多人精减到643人。这个数字可谓是惊人，因为每减掉一个官员，就意味着朝廷在财政上轻松了几分；原来一个职位上由三个人缩减到一个人，就能让剩下的一个人全力以赴。

贞观之治时期，唐朝已经成为中国封建社会最为繁荣昌盛的太平盛世。整个国家政治和谐、人民幸福，都是朝廷提高行政效率的结果。唐太宗重视人才的任用，他把一些老弱病残的官员，从总要职位上扯下来，让年富力强的年轻人顶上去。如此一来，整个朝廷人才得以重用，提高了政务处理的效率。

一个君王处理政务和人才的理念决定了这个国家的前途和未来。很明显，李世民的治理是成功的。企业不留多余的人，企业不用多余的人，可以说是历史明君留给后世最有价值的参考。

太平天国定都天京后，洪秀全在天京滥封王爵，到太平天国运动失败的时候，整个天国竟然封了2700多位王爵。这种天国内部诸王并立、各王拥兵自重以及彼此之间争权夺利的现象，最终发生了诸王内讧的"天京事变"，从此太平天国逐步走向败亡，退出了历史的舞台。

东晋有名的"八王之乱"，因为皇帝封王太多，最终导致权力失衡，每一个拥有皇权的人都参与到了这场权力的分割之中。最终，内讧让一个国家走向衰败。

这些沉痛的案例，充分说明了精简人员的好处。聪明的管理者，能看到团队中的每一个问题，并抓住其核心问题，用各种方法解决掉。人的问题，从来都是大问题。成功的团队，各司其职，又相互理解和支持，才能营造积极的氛围。

人多未必是好事，合适的人做合适的事，别让更多的闲人打乱了团队的计划，消磨了团队成员的意志。

第二章
兵马未到，制度先行

如果我们将团队比成一个人，那么制度就是这个人的生活方式。规律、合理的生活方式能够保证身体健康。而混乱、无序的生活方式只能让身体越来越差，疾病越来越多。

不要觉得在没有想好制度之前就不用确立制度，不管多糟糕的制度，都比没有制度要好。

所谓好制度，就是合适与公平

管理者如同将帅，而员工就好比士兵；将帅带领士兵打仗，就如同管理者带领员工发展。两者的共同点就在于，需要在制度的协助之下，"管好人"并且"用好人"。但是问题就来了，什么样的制度才能发挥这样的功能呢？

公司管理者会遇到这样大问题：那些在人事考核中成绩并不突出的员工，到了其他企业却能够工作得有声有色，这是为什么呢？是由于员工与企业的价值取向不同，还是员工吸取了工作教训而改变了工作态度？或许这些都有道理，但是更大的问题则很有可能出于企业自身缺乏适宜员工发挥其聪明才智的环境。

因为，我们需要更加合理的规章制度，激发员工的积极性和创造性。如果管理者在规章制度之外，还掺杂了许多的主观色彩，那么就很难做到公平对待每个员工。这样一来，那些得不到公平对待的员工，其潜能自然没有机会发挥出来，而那些得到管理者"偏爱"的员工，也会因为有人"罩着"而不思进取。

孙全是一家公司的采购主管，有一次他的电脑不小心进水了，他就带着电脑去了一家电脑公司维修。他是这家公司的老主顾，不仅公司的电脑是在这里采购的，他身边的亲朋好友需要电脑，他也推荐大家来这里购买。因为他觉得自己

跟这家公司很熟，所以他毫不犹豫地来到这里。

负责接待的前台小姐告诉他，修理费可能要高达数百元。孙全想，电脑里有很多重要的资料，只要可以修好，多花点钱也无所谓。于是，他说道："好吧，不过我要先试用电脑，看看是否真的修好了。"

"可以，不过，您要先付维修费，才能把电脑拿走。"前台小姐回答。她只是按照规章制度告诉孙全，却没想到招来了对方的不满。"你这话什么意思？我不付钱就不让我拿走？我是不是你们的老客户？你们就这么对待老客户的？"孙全大声地质问她。

"对不起先生，这不是我能改变的，公司规定是这样的。我只是把制度告诉您，让您提前有个准备。所以，您还是按照规矩办事吧。"前台小姐看到客户大发脾气，不免有些委屈。

孙全听后更加怒气冲冲，大声地说道："规定是死的，人是活的！你们张经理在不在，我要见他，问问这该死的规矩是谁定的？"

无奈之下，前台小姐只好带着他去找张经理。结果一进门，前台还没来得及跟领导汇报发生了什么事情，孙全一个箭步冲到张经理面前大声嚷嚷："张经理，我在你们公司每年购进多少电脑，花多少钱。你最清楚不过了，我赖过账吗，欠过一分钱吗？你们居然还怕我会不付这区区几百块钱的修理费，还拿规矩来压我！"

张经理一边安抚孙全，一边看向前台小姐，了解事情完整的经过之后，张经理赶紧向客户道歉，并保证会好好处理这件事，自己绝对不会这么对待老客户。

结果孙全刚出门，张经理就吩咐前台小姐，让她通知同事不要再跟这个人做生意。前台小姐虽然特别委屈，但是她还是很冷静："可他是我们的大客户，如果以后不跟他做生意，公司会损失不少啊。为什么不能再跟他合作了呢？"

张经理说："他这个人太不守规矩，我敢断言，他在自己公司也是一个不守规章制度的人，要不了多久，他就会犯错误，轻则被开除，重则进监狱！这样的人，少跟他来往是最好的。那点业务量不要也值得。"

半年后，张经理得到消息，孙全因为经常拿客户的回扣、向竞争对手出卖商业机密的事情被人揭发，被老板辞退了。他在这一行已经做不下去，被迫换成其他工作。之前跟他合作过的公司，多少都受到损失。张经理虽然少了交易额，可并没有受到影响，所以发展得也特别好。

孙全也许是个人才，但是他所在的公司并没有用制度约束住他，所以他走在了悬崖边上，甚至有可能一下掉进了深渊。每一个员工都有不同的缺陷短板，靠自我约束力度不够，很难不在工作中犯错误。如果公司能够通过完善的制度体系，包括职位说明、工作职责、考核、升职、晋升、奖金、罚金等各项制度，可以为管理者提供更好的管理标准，为员工提供更好的发展环境。

制度的实施并不容易，但是管理者可以另辟蹊径，通过做一些工作让制度更好的实施。第一，要从制度本身着手，改变一些

无关紧要的约束性条款，使制度变得宽松，让员工明白制度并非是永久性的约束性条款。第二，组织一些喜闻乐见的娱乐活动，通过活动让员工体现自我价值，促进技能水平的提升。第三，将福利活动、社会公益活动、企业文化活动等全部交给员工来操作。在此过程中，参与组织的员工会产生一定的"参政"感，进而会产生使命感，在日常特定工作环境中得不到发挥的个性特长，在这个平台上就能淋漓尽致地发挥出来。

制度对人是一种约束，但是大家也可以将其变成激励和动力，管好团队的人，发挥好团队的力量。制定科学合理的规章制度，对每个员工来说都能适用，最起码要具备公平性。如此一来，制度就不会变得可怕，反而会成为员工自主自动发展的动力。

管理是一门学问，管理者管理员工不可空口无凭，更不能朝令夕改。所以，制定公平客观又富有弹性的制度，绝对是管理必备的利器。

薪酬体系，决定人才问题

现代公司管理中需要各种各样科学的管理体系，这是毋庸置疑的。当我们将人才招进公司之后，就应该思考下一个问题：需要怎样做才能留住员工呢？是用严厉的考勤制度，还是先进的培训制度，或者是通过"多劳多得、少劳少得的按劳分配"？

社会主义市场经济运行，离不开按劳分配的分配方式。按业绩分配，管理者们才能让下属心服口服，才会努力地提升自己的业务水平，为团队和企业创造更多的业绩。聪明的管理者会通过建立公平合理的薪酬体系，以此来提高下属的工作投入和绩效。

都说人心莫测，员工的心拿什么来测？既然管理者很难理解下属的行为方式，而猜测他们对管理层最新决策有何反应更是难上加难。但是，管理者可以通过建立公平合理的薪酬体系，通过这种有效的激励方式来提高下属的工作投入和绩效。

世界五百强的公司中，只有十一家能够屹立不倒。大家都以为这十一家公司的薪资水平肯定是顶尖的。但调查数据让人意外，这11家企业的平均薪酬却不是同行业中最高的，至多算是中等偏上的水平。

假如公司管理层人员能够关注人才的所思所想，也能够在日常工作中分析出每位员工的需求和特点，那么他们就能量体裁衣，为员工制定出合理的薪酬体系和职位设定。其中科学的薪酬体系是重中之重，员工只有对自己的报酬和激励方式心服口服，才愿意不断地提升自己，为公司的发展贡献自己的才智。

　　有一位种桃子的农场主获得了大丰收，他非常幸运地找到了买主，俩人约定要在一天之内把桃子摘完并装箱，否则买主就会离开，去其他地方收购桃子。

　　农场主对于买主的要求满口答应，他心想：不就是多雇几个人的事情嘛，雇人的钱跟卖桃子的钱相比简直是九牛一毛。漫山遍野的桃子需要很多人来摘，但农场主想省一点钱，于是他只顾了一批很少的人帮忙："大家听好了，如果

今天能把所有的桃子摘下来并装箱的话，每人都能得到一个金币。"这些人听了后，别提有多高兴了，因为他们劳动一天便可得到一个金币的酬劳，实在令人兴奋。

于是他们拼了命地干活，一刻也不停下。可是，快到中午的时候，农场主发现，没被摘下的桃子还有很多，光靠这些人是肯定摘不完的，于是，他就又找了一批人，同样对这些人说："如果你们能在今天帮我把桃子全部摘完的话，我就给你们每人一个金币。"这些人听了也非常开心，于是就到果园里认真摘桃子了。

到了下午3点钟的时候，园子里仍然有很多桃子没摘下来，农场主不得不再招一批人前来摘桃子，这一次他同样对大家说："如果你们能在今天帮我把桃子全部摘完的话，我就给你们每人一个金币。"和前面的两拨人一样，这群人也一样非常开心。

于是，这三拨人开始共同努力，为了自己的金币拼命努力着。终于，他们赶在天黑之前摘完了所有的桃子，并把它们都装到了箱子里。

到了农场主发薪水的时候，大家都拿到了同样的金币。但是，大家的表现截然不同：最后一拨人拿到金币后非常高兴地走了，第二拨人没有任何表现地走了，第一拨人却表现出了怨怒的神情。他们向农场主抱怨道："这些最后雇来的人，才工作了几个小时而已，你居然把我们整天的劳动和他们同等看待，这太不公平了！"

如果你是第一批被招收进来的人，会觉得这种分配方式公平吗？农场主不顾大家工作的时间和效率，貌似完全公平的给每人分一个金币，就是一种错误。因为他分配不公，所遵循的薪酬体系不健全。

也有些管理者认为，公平合理就是平均主义。这种认识其实是不正确的。公平理论是以人们的投入多少与其所获结果相当为基础。也就是说，此种假设是通过"贡献率"，或者说业绩来衡量的，这和按劳分配的原则是一致的。平均主义则不然，它使得多劳者未必多得，少劳者未必少得，从而掩盖了不公平因素。

每个人都在不自觉地将自己与其他人的劳动和报酬进行对比。通常来说，人们对自己所得报酬是否满意并不是只看其绝对值，而是进行综合比较看其相对值。也就是说，每个人都把自己所得的报酬与贡献的比率同其他人的比率做比较，如果比率相等，则认为公平合理而感到满意，从而心情舒畅，努力工作，否则就会感到不公平，不合理而影响工作情绪。

由此可见，建立和完善公平科学的薪酬体系，聪明的管理者一定要搞懂什么叫公平。按劳分配、实事求是，合理划分任务，科学分派利益，这样才能让大家心服口服。也只有这样才能得到员工的支持，将大家的积极性调动起来。想要管理好团队，薪酬制度要先行！"不患寡而患不均，不患贫而患不安"，员工凭劳动获得收入，我们又有什么理由不给他们应有的报酬，又怎么忍心不许给他们一个值得拼搏的未来呢？

让人人有机会升职，才会人人有斗志

美国密歇根大学工商管理学院教授戴夫·沃尔克曾说过："员工在一段时间内会关注薪水，但如果雇员对工作失去了兴趣，单单靠金钱是不能留住他们的。"员工进入公司，不仅有薪水要求，更有升职需求。如果说他们一开始是盯着自己的薪水而奋斗，那么接下来他们就会在工作中寻求成就感，并且希望能看到清晰的发展空间。如果员工看不到这个"希望"，就会认为自己不被信任，甚至不被承认，最坏的结果可以预见，得不到升职的人会失去斗志，或者直接跳槽。

如何解决这个问题呢？留住人才，还要让他们心甘情愿地一直为公司服务？看似很难解决，实际上只要制定合理有效的晋升制度，就可以完美解决这个问题。晋升，既是对员工能力的一种肯定和赞许，又会给员工更大的发展空间。让出色的员工适时地得到提拔，可以满足员工的心理需要，并且让他感觉到上级对他的信任，从而忠心于所在企业。

行为科学家赫兹伯格的双因素理论指出：工资、工作条件、工作环境等属于"保健"因素，不具有很强的激励作用，而工作成就、发展前途等因素才是真正的激励因素。所以，真正的人才在满足薪水需求之后，最看重的就是自己的前途。职位的晋升是成功的标志之一，有人辞掉收入较高的工作而跳槽到收入相对较低的企业工作，看似不被人理解，其实是有原因的。

有人曾经做过这样一个调查：他们对150个高级职员的跳槽行为进行了调查，调查结果显示其中41%的人是因为晋升的机会有限，25%的人是因为他们的业绩没有得到赏识，只有15%的人是因为钱的因素。这个数据应该非常能够说明问题了。所以，作为一个聪明的管理者，切记不要让有才能的员工一直原地踏步走，得不到提拔和晋升，这样很容易让他们产生消极心理。

富山芳雄是日本著名的管理大师，他对人才的判断一向十分准确，但有一次他却失误了。机缘巧合的一次机会，他认识了在某设备工业企业材料部工作的P君。这位优秀的部长不仅人品好工作积极，还特别有能力。领导信任精明强干的他，同事信任温文尔雅的他。所以，富山芳雄认为他是个难得一见的人才，并断定他肯定会成为一名优秀的高管。

10年之后，当富山芳雄再次到这家企业时，竟得知P君这几年来一直只是一个小员工，而现在他已经辞职了。这个结果让他格外震惊，他从来没想过，优秀的P君竟然会落得如此下场，究竟是为什么呢？在富山芳雄的调研下，谜底渐渐浮出水面。

10年之间，P君的上司换了3任。第一任上司因为P君的精明强干，且是个靠得住的人物，丝毫没有让他调动的想法。第二任上司在走马上任时，人事部门曾经提出提升P君的建议，然而新任上司认为P君是工作主力，如果把他调走，势必要给自己的工作带来很大的威胁。总之，哪任上司都不肯放P君走，P君只好长期被迫做同样的工作，提升只能不了了之。

虽然这位P君天性豁达，最开始并没有因此而懊恼，还是用心对待工作。但是时间久了，他对自己的前途产生怀疑，对自己的付出感到不甘心，于是他变得闷闷不乐，脾气暴躁，甚至愤世嫉俗，对工作不再像以前那么上心了，以致工作出了问题。就这样，上级人员认为，P君虽然工作内行，堪称专家，但是工作态度不够好，便将他调离了第一线的指挥系统，不久P君辞职了。

富山芳雄觉得太可惜了，一个优秀的人才就此没落，实在是公司之过。一个有突出贡献的员工久久得不到提拔，无疑是让员工坐上了冷板凳。得不到提拔，工资是小事，重要的是这伤害了员工的自尊心。

所以，不管是从事什么行业的人才，都有晋升的需求。真正留住人才，使人才有用武之地，就得靠晋升来激励员工。那么，管理者如何制定有效的晋升制度呢？概括起来，职位晋升有四种方法：

1. 制定职位阶梯。

职位阶梯是指一个职位序列列出了职位渐进的顺序，序列包括每个职位的头衔、薪水、所需能力，经验、培训等能够区分各个职位不同的方面。管理者以这些职位阶梯为指导来水平或垂直地晋升员工。

2. 职位调整激励。

职位调整的目的在于晋升那些职位发展空间非常有局限的一

小部分员工。管理者会从他们中选择晋升候选人，而不会考虑其他资历更老的员工。

3. 职位竞聘晋升。

允许当前所有的员工来申请晋升的机会。其好处在于增强了员工的动力，同时减少了由于管理者的偏爱而产生的不公平晋升的可能。

4. 职业通道制定。

职业通道是指一个员工的职业发展计划。对企业来说，可以让企业更加了解员工的潜能；对员工来说，可以让员工更加专注于自身未来的发展方向并为之努力。

晋升制度一定要讲究公正公平原则，让所有的员工都有平等的机会，绝对不能晋升不称职的员工。不公正、不公平的晋升会引起员工的抵触、猜疑和担心，使得企业的正常运作被打断，让企业的效率低下，从而影响到最终目标的实现。为此，不妨鼓励员工进行职位竞聘，所有员工都可以加入晋升选择。这样，可以使员工得到很好的激励和回报，并实现企业绩效得到改进的目的。

当我们从长远的角度去看，会发现一个好的晋升机制是双赢的。对企业来说，能够通过这种方式留住人才，形成良性的竞争氛围；对员工来说，能看到明确的上升渠道，就是勇猛地拼搏下去，实现自己的人生价值。

制度面前，只讲规矩，不讲情面

家国离不开规矩，企业更是如此。公司无论大小、企业无论强弱，都要有规矩才能迈上正轨，在激烈的市场竞争中立于不败之地。当制度制定出来之后，执行度最能看出公司的未来。一个讲规矩而不讲情面的公司，并非没有人情味，恰恰相反，这样的公司能用发展实力给员工带来安全感。

一个制度有没有权威性、是不是令人敬畏，关键就在于在运作过程中是不是对每个当事人都具有相等的效力和相同的威力。古语有云，"王子犯法与庶民同罪"，就是最好的例子。企业制度是一种要求大家共同遵守的办事规程或行动准则，具有普遍性、公平性的特征，所以制度一旦实施，就要求对所有相关人员一视同仁，没有谁能享有规定之外的特殊权利，这便是制度权威性的体现。

制定制度并不难，难的是让每个人都遵守制度。如果制度实施后每个人都遵守，企业的一切奖罚都按制度来进行，各级人员也都必须遵从制度的规定，企业便形成了一个公平、公正的工作氛围。员工在这样的氛围中工作，会有很强的存在感，便会自觉地维护制度的严肃性和权威性。

IBM公司的工作人员分为两种，一种是佩戴粉红色胸牌在行政大楼工作的人员，而另外一种则是在厂区工作戴蓝牌的员工。公司规定，红蓝色不可混用，进入公司必须佩戴。由于公司发展时间长，虽然这条制度制定已久，但还是有一些人总是不注意，有时不佩戴胸牌，有时胸牌混用，加大了警卫人员的工作量，他们一直对此很是头疼。

有一天，董事长沃森陪同一个国家的王储前去参观IBM的工厂，身边有助理等人陪同。没想到，在工厂门口，他们遭到了警卫的阻拦："对不起，先生，您不能进去，我们IBM的厂区工作人员的胸牌是蓝色的，行政大楼工作人员的胸牌是红色的，你们佩戴的红色胸牌是不能进入厂区的。"

听闻此话，沃森及客人还没来得及说话，沃森的助理马上反应过来并对警卫人员严肃地说："你不认识咱们IBM的董事长沃森吗？现在董事长要请重要的客人进去参观，你赶紧让我们进去。"

助理说完，以为警卫员会赶紧放行，没想到警卫员依旧不让路："我们当然认识沃森董事长，但公司要求我们只认胸牌不认人，公司规定所有人员都要按规定佩戴胸牌。你们佩戴的红色胸牌不可以进入厂区。因此我们必须按照规定办事。"

助理顾不得跟警卫讨论此事，沃森与客人还在等着呢。他赶紧找来蓝色的胸牌给董事长和客人佩戴上，警卫员才让他们一行人进入。

参观完出门时，助理对警卫员狠狠地说："你完了，连董事长都敢得罪！"

很多人都跟助理一样，认为董事长肯定会开除或者惩罚那两个不识相的警卫员。结果，谁都没有想到，警卫员并没有受到责罚，反而受到了表扬。

后来，沃森让警卫部把这件事在全公司进行通告，要求大家认真执行胸牌佩戴问题。有了董事长的事迹在前，不佩戴胸牌、佩戴胸牌不严肃的现象再也没有发生过。

很多人都认为制度是人为制定的，并不具备法律效力，再加上公司管理者没有带头遵守或者制定，就很容易成为一个摆设。在一些企业中，管理者总认为制度是为员工制定的，自己可以不遵守，自己喜欢、重视的下属也可以不遵守，员工中自己的亲朋好友也可以例外……久而久之，员工中就会怨言四起，一些员工也会视制度于无物，那这制度还有什么权威可言？

无论是士兵还是将军，员工还是领导，都应该对纪律和制度心存敬畏之心，这是亘古不变的道理。

汉文帝作为一代君王，来到周亚夫的营寨，竟然被拒之门外。原因就是士兵只听军令，而不听其他的指令。汉文帝只能通过使者求告将军，才得以进入军营的大门。而到了军营后，他被告知各种军营里的规定，汉文帝都毫无疑义地接受了。虽然君王在军营里被规矩所约束，但是他出来后不停地称赞周亚夫："唉！这才是真正的将军！前面所经过的灞上和棘门的军队，就像儿戏一般，那些将军很容易被用偷袭的办法将他们俘虏；至于周亚夫，谁能够冒犯他呢？"并传令重赏周亚夫军中上下。

制度已经建立，就要严格执行，莫让制度成为一纸空文。不严格执行制度势必会影响员工的积极性和创造性，使企业发展滞留。身为管理者，也要如周亚夫一样，无论对谁都一视同仁，无论什么情况下制度才是这个企业中的"老大"，对谁都不能特殊对待。一个团队最忌讳的就是人心涣散，而制度就是捆绑人心的绳子，如果制度落实事事公平，人人平等，那自然就具有了它的权威性。

但是，员工违反制度，是无法避免的。身为管理者，最好的惩治方法就是"先罚后励"，对违反规章制度的人员按制度进行惩罚后，要进行真诚坦诚的沟通，缓解他们受罚的不快情绪，消除他们的苦恼和怨恨的情感，这也是管理者要具备的素质。

不讲情面的制度，才真正具备权威性；以身作则的管理者，才是聪明的管理者。

制度化与人性化需要相辅相成

既然设立了制度，那就必须严格执行，这是制度存在的意义。但是，凡事都不是绝对的。如果这个制度制定得过于严苛，似乎不近人情，即便是强硬执行，也会暴露很多的问题。此时如果不能考虑人性化管理的辅助，那么势必会影响到员工的积极性。所以，"制度面前人人平等"没有错，但管理者讲究制度公正与严格性的同时，还要考虑灵活性与人性化。

如何才能让员工做到心服，让制度对员工产生激励作用？我们都明白对于任何一个公司来说，规章制度是必不可少的，但是管理者必须结合企业和员工自身的实际情况，做到合情合理。不

公平的制度是不合理的，管理一旦出现了问题，受影响的肯定是公司本身。

合情合理的规章制度，没有统一的标准。如何制定一个适度的标准，需要我们先理解什么叫适度？简单地说就是，要充分考虑到员工的心理承受力，制定的标准既不能太松，又不能太严，使制度本身保持适度的弹性。标准制定得过松，达不到管理效果；标准制定得过严，超出了员工的能力范围，员工怎么做也达不到要求，干脆不干了，这样还不如不制定标准。

规章制度设立的意义在于解决问题，能有效解决问题，同时具备激励作用，就是我们通常所说的有效性。

举一个我们生活中经常能遇到的例子：小明有一回数学考了75分，于是父亲对小明说："如果你能够考到90分，我就带你去海洋公园玩。"于是小明就很努力地学习，第二个月小明考了80分；小明接着努力，第三个月考了85分；第四个月，小明努力后仍然只考了88分。到了第五个月小明就放弃了，90分对于小明来说太难得到了。

所以，即便这位父亲的初衷是提高孩子的成绩，但是奖励标准设立得太高，实现起来太困难了。孩子多番努力都达不到这个要求，自然会从最初的激励中懈怠下来，因为他经历了打击，明白自己是无法达到这个高标准要求的。如果此时父亲能够及时发现问题，调整标准以激励孩子的进步，这个故事就会变得温情很多。

这就涉及标准的完善问题。根据具体情况制定标准，也要根据变化完善标准，在制度的执行中仍然需要灵活，因为制度不是死的。当外部环境发生了重大改变时，制度也应随之改变，这才是合理的做法，才能发挥员工的积极性，取得良好的效果，反之亦然。

某公司给销售员定下了基础工资+绩效奖金的绩效制度，每月销售100台电视机才能拿到当月的奖金，否则只能拿到基础工资。

春节前大家根据这个制度走，都拿到了不少的奖金，公司上下皆大欢喜。在春节过后的一个月，由于居民的购买力下降，不少员工虽然很努力地工作，但是月底时还是没有完成100台的任务指标，可是总经理根本不理会这些，依然扣发了这些员工的奖金。这一下，员工们觉得公司太不近人情，"电视销售不动又不是我们的错，本来就是销售淡季嘛……"

但是，总经理依然我行我素，无奈之下，很多员工都辞职去了别处，公司的业务发展因此受到了巨大冲击。

销售受市场影响，分为旺季和淡季，这一点电器公司的总经理肯定知晓。但是他在制定和执行规章的时候，过于死板，没能适应实际情况，结果挫伤了员工们的工作积极性，使公司业务受到了巨大冲击。其实，如果他灵活一点，在淡季时降低销售标准，规定每月销售60台电视机就可以领取奖金；在旺季时再提高标准，每月销售150台电视机算达到要求，结果就大不一样了。

这个老板没有考虑环境的变化，一味执行早就定下的制度，未免太没有人情味了。所以员工抗议无效之后，都选择了离开。老板是否会从中吸取一定的教训呢？不公平的制度是不合理的，不近人情的，看情况而及时调整，才是明智之举。

有一个猎人养了几条猎狗，以打猎为生。为了激励猎狗能够抓到更多的猎物，他就定下了一条规矩：以猎物的数量为标准对猎狗进行考核评估，并以此作为它们分到食物多寡的标准。为了能得到更多的食物，猎狗都拼命地在山林草地中穿梭，只为抓到猎物。

起初，这种做法起到了很大的作用，但是随着时间的推移，问题出现了。因为猎狗们发现，大猎物往往比小猎物更难捕捉，而无论什么样大小的猎物，所得到的奖赏都是一样的。当它们发现了这个窍门后，便专门去抓小猎物。慢慢地，所有的猎狗都发现了这个窍门，它们所抓的猎物也就越来越小了。

动物尚且明白的道理，管理者更要看得清晰，制定出科学系统而又人性化的制度。没有员工喜欢跳槽，只有制定出好的规章制度，他们才会服从你的管理，也才能激发出员工的积极性与创造性。制度化的公司并非冷冰冰的，人性化管理能够辅助管理者更有效的管理，收获长期忠诚的人才，才是我们设立制度的初衷。

法不责众不是有效管理，是和稀泥

身为管理者，一定要严格按照规章制度办事。管理企业要有原则和威慑力，那些纸质的规章制度，贴在墙上并非可有可无，而是打造团队必须依赖的东西。但是总有那么几个人，身在集体却无视集体的"规矩"，他们对墙上的规章制度连看都不看，违反后还连拉带拽地攀扯一堆人，想以"法不责众"压制管理者，打破规章制度。这时，管理者一旦松懈，就会助长企业的歪风邪气，影响企业的发展。

什么叫"法不责众"？如果个人或者少数几个人触犯规则可能会遭到惩罚，但如果很多人同时触犯的话，法律就要因人多而减轻惩罚，或者不予追究。也许这四个字的存在有它存在的意义，但在管理团队时，遇到这样的问题是不能心慈手软的。

如果是规章制度的设定不合理，大家提出抗议，那么情有可原，毕竟我们需要先从自身找原因。但是在制度合理不需要改进的情况下，一定要按章程办事，决不能姑息养奸，哪怕付出再大的代价，也不能增加员工的侥幸心理。身为管理者，如果此时不坚持，一时心软或者害怕，那之后的管理也就没有办法实施了。

涂春红是一家科技公司的高管，他对管理有个心得，就是要坚决执行制度，并不会因大多数人的无视，而放弃公司的规定。

公司规定每周一开例会，并且所有的会议是不可以接打电话的，以便保证开会的环境不被打扰、会议思路不被打乱。但是，很多人始终做不到这一点，每次开会他都能发现有很多员工中途离开去接听电话。

于是，他和几位高层领导定下了一个规定：为了保证会议正常进行，开会期间，不允许任何人接听电话、发短信，同时也要将手机关机或者调为静音。

这条规定制定出来之后，大家好像都收敛了许多，他开了几次例会，发现并没有电话铃声响起来。可是，当他留心观察了几次后才发现，原来只有他参加的会议，大家才乖乖地关闭手机或调为静音。如果这次会议他不参加，很多人还会接打电话。

不仅普通员工会接打电话，就连一些高层人员，也总是一边打着电话，一边说："对不起，这是一个大客户的电话。"大家心里都觉得，反正打电话的又不是我一个人，而且我的电话是打给客户的，你能把我怎么着呢？

涂春红看到这种情况，在第二周的例会上，他特意让人提来一桶水，然后对会议室中参加会议的高层管理人员说："从今天开始，谁在会议上接听电话、发短信，谁的手机发出声响，一律将其手机扔进这桶水里。"

听到这个消息，大家面面相觑：这条规定很吓人，但究竟他能不能执行下去呢？但"无巧不成书"，就在涂春红刚说完这句话时，一位管理者的电话像是与他作对一样居然响了！涂春红走过去，什么话也不说，夺过对方的手机就扔进了那桶水里。

还没等大家反应过来，又有一个管理者的手机响了，涂春红再次走过去夺过手机，又扔进了那桶水中。这一下，在场的所有人都傻了，也都相信了涂春红的决心：如果再有手机响还是同样会被扔进水桶里，哪怕所有人的手机都响了，结果也只有一个，手机扔进水桶里。

没有人会提出异议，因为公司的规定一直都非常明确。就是因为有些人不以为然，才让规定成了摆设。神奇的是，从那次会议以后，无论涂春红到不到场，大家都会自觉地把手机调为静音，有些人甚至直接关机。

那些高层管理者存在侥幸心理，以为涂春红会"怕"，以为他会因为这事已经成为普遍现象就没有必要再管。但是大家错了，"约定俗成"的确很多时候是可行的，但在一个企业中，如果"约定俗成"的东西太多了，制度也就被打破了。一个没有管理制度的企业就像是一只纸老虎，看似巨大威严，但一捅就破，星星之火就可燎原。

这就像管理学中的"热炉原则"，规章制度就像烧红了的热火炉一样，一旦在工作中有人违反了规章制度，就像碰到了火炉一样被烫伤。涂春红就是运用这种法则，让员工和高层都对规定心存敬畏之心，不再主动触碰，以免"灼伤"自己。当企业的规章制度依照"热炉法则"变成一只烧红的火炉的时候，只要有人触犯，就一定会受到惩罚，不管你人多人少，也不管你权位是高是低。

　　"热炉法则"产生的预警、必然、即刻和公平性，恰恰是反对"法不责众"的最好说明。要想对团队进行有效的管理，不能无视个别员工违反规章，因为这样看似是宽容，实际上是放纵。公平地对待每一个人，不能徇私情。员工一旦触犯了规章制度，就要按制度惩罚，当然处罚不是目的，而是一种手段。通过这种手段让员工明白，公司的制度不是一张贴在墙上的纸，而是随时都应遵守的纪律。当然了，责罚要有度，平衡奖惩制度。"法不责众"已经被推翻，那么接下来就是平衡责罚与奖惩之间的度。一套平衡的奖惩制度也会使员工打消"聚众"心理，哪怕有人触犯制度，想要拉拢更多的人形成"法不责众"的状态，也没有人愿意与他联合。久而久之，员工们一心为"奖"，处处避"罚"，那么企业的向心力便形成了。

　　每一个团队都有自己的制度在发挥约束作用，无视者故意违反，而大多数人都有从众心理，一个人影响十个人甚至更多，那么管理制度早晚会被推翻，毫无存在的意义。所以，管理者应该要有王者气度，处罚决断，从容管理，才能带出一支王者团队。

第三章
路遥知马力，日久见人心

在我们当初创立团队的时候，已经是对加入团队的人进行过精挑细选了。但是，我们难以保证团队中的成员就是我们所需的人。路遥知马力，日久见人心。再好的演员也不可能一辈子演下去，那些对团队不利的人，对团队做不出贡献的人，总是会露出他们的马脚。我们要利用聪明的智慧，来判断出谁是可以重用的人。

并不是所有人都有责任心

团队需要有能力的员工，更需要有责任心的队员。聪明的管理者，总会在组队之前，就考察好下属的责任心，这是成功的保障。来自五湖四海的人们汇聚到同一个公司，如果不能有效考察出员工是否具备责任心，将对后续的工作带来大麻烦。

一个有能力的员工，总是被寄予厚望，公司的所有人都在翘首以盼他的成功。然而，左等右等都看不到一丝征兆，让人颇为疑惑。再看看能力平平的人，在平凡的岗位上也能做出成绩，这出乎所有人的预料。是管理者对员工能力判断有误？还是有其他原因呢？

不是所有人都对工作抱有责任心，即便是员工的能力差一些，但只要尽职尽责，也能做出一番成绩，这是毫无疑问的。所以，早一点识别出员工的责任心，把那些缺乏责任心的懒汉排除在你的团队之外。做好招聘准备工作，准确判断出应聘者的责任心，就能找到合适的员工。

某大型公司要招聘一名员工，面对众多趋之若鹜的求职者，公司的人力资源部经理提出了一个在许多应聘者看来好像是小孩都能够回答上来的问题。然而，正是这个问题让许多人都落聘了。

问题并不难，既不是简答题也不是论述题，而是一个选择题。A：挑两桶水上山去浇树，你能够做到，不过会非常吃力。B：挑一桶水上山，你会很轻松就上去，并且还有充足的时间回家睡上一觉。如果需要你去挑水浇树，你会选哪一个？

大部分人都选择了第二个答案，经理问及原因，他们的回答大致相同：省力气，还有适当放松，实在不行多跑两趟。听到这种回答，经理不置可否，并没有进行评价。但是他心里清楚，这些人就已经被淘汰了。

而极少数人选择了第一个，经理问他们原因，得到的答案是这样的："浇树是我的工作，那就尽力去做。尽管挑两桶水非常辛苦，可是我有能力完成，既然有能力完成的事情为何不去做呢?再说了，让树苗多喝一点水，它们就会生长得更好。何乐而不为呢?"

听了这样的回答，经理把这些人留下，进入第二轮面试。至于为什么这么做，两个答案有什么不同，人力资源部经理这样解释："选择挑一桶水不用努力毫不费力，几乎毫无挑战，也看得出这样的人没有责任心，不会对工作尽心尽责。只要能得过且过，他们一定会选择轻松无压力的路子。而选择挑两桶水的员工，首先就证明了他敢于承担两份责任，这样有责任感的人正是我们所需要的，他们能在工作中发挥主观能动性，不用管理者鞭策也会认真负责。"

事实证明经理的分析是正确无误的。他凭借这一问题，准确判断出员工的责任心和主动性，为公司提前判断出了人才的可用性。

所以，不要等到聘用之后再考察员工的责任心，那样会带来更多的麻烦。面试问题设计得科学合理，也能看出员工是否具备此项品质。以下的问答和分析，能够给团队管理者一些启发，准确识别具备责任心的员工。

问题1：你为什么觉得自己能在这个职位上取得成就？

分析：这是一个相当宽泛的问题，看起来很好回答，其实要回答得好很困难，它给应聘者提供了一个机会，可以让应聘者表明自己的热情和挑战欲。主考官可以通过这个问题的回答，判断出应聘者是否对这个职位有足够的动力和自信心。

问题2：当你遇到困难的时候，是否会感到不自信。在这种情况下，你是如何应付的？

分析：这个问题考察的是应聘者解决问题的能力。通过这个问题，主考官可以了解到，当所给的任务超过自己目前的能力水平时，应聘者解决问题的意愿和能力。有责任心的员工，其抗压力也很强，面对困难不推诿，相信自己能解决问题。

问题3：你是否得到过低于自己预期的成绩？如果得到过，你当时的心情是怎么样的？

分析：通过对这个问题的回答，除了可以揭示应聘者的热情和进取心外，还可以揭示应聘者是否愿意在一家企业长期地工作。如果应聘者对业绩表现出执着的追求，相信他们在工作中也会为了目标拼尽全力，能给整个团队都带来正能量。

问题4：出于工作晋升的考虑，你打算继续深造吗？

分析：这是一个简单的问题，它可以用来衡量应聘者的雄心。没有责任心的员工，表现出来就是不求上进，他们对培训或者学习都没有兴趣。而一心追求做好工作的员工，责任心让他们想变得优秀而强大。

所以，准确识别员工的责任心，能帮我们做到准确识别人才。有事业心和责任心，是成功人士的标配，身为团队领导人，谁不想拥有这样人才呢？

分清小人与君子，亲君子远小人

《前出师表》中曾有这么一句话："亲贤臣，远小人，此先汉所以兴隆也；亲小人，远贤臣，此后汉所以倾颓也。"小人无处不在，有他们的地方，就会有矛盾。人人都讨厌小人，究竟该如何远离他们呢？一是认清，二是保持距离，如此才能激浊扬清。

小人们的个性基本就是没有个性，他们总能出现在那些令人不快的地方。而且他的长处都在一张嘴上，说三道四的功夫无人能比。如果企业里有很多小人的存在，企业内部势必矛盾重重。小人还非常可恶，只要谁触犯了他的利益，他就会想尽办法对付对方。所以，慎用小人是企业的管理者不可忽略的一点，不要给自己留下无尽的后患。

识人是一门高深的学问，管理者们不能被小人的面具和演技所迷惑。戴着面具的小人，表面看起来非常会"做人"，其实那是他们的演技。有领导在的时候，他们就会夸张地表演，卖命地干；而领导不在的时候，他们就恢复了本来面貌，偷懒耍滑甚至造谣，是典型的表里不一。

所以，远离小人的第一步，就是要认清小人。如果无法辨识出小人的特征，很容易就被他们迷惑了。要知道，在这个世界上，小人是我们惹不起也得罪不起的，得罪了他们就是拥有了一个仇人。能推测出，小人最大的特征就是"小"，他们气量太小，始终无法融入团队中。一家企业里小人越多，那么其灭亡速度就会越快。

当管理者面对那些气量很小并且善妒的员工，同时又发现他们特别"会来事儿"，甚至还会一些花言巧语，此时就要注意了，有可能他就是小人。小人一般都是十分出色的演员，他们会带着各种面具，以及用各种方式来讨好你以获得自己的利益。他们在你的面前做一套，在你的背后做一套，为了自己的利益，他们不惜伤害别人以及集体的利益。

发现了这种人该怎么办？难道把他们开除吗？当然不是。因为小人并不都是没有一点能力的人。有时候，聪明的老板会适当地利用小人的才能去打开一些复杂的局面，但是他们绝对不会一直用小人，因为从长远来看，小人给企业带来的危害远远大于他们的贡献。

不管是职场还是生活中，"小人"随时随地都有。作为团队的管理者，如果你亲近了小人，影响会非常恶劣。因为有人看到小人得到了好处，也就学着小人的所作所为希望得到管理者的亲近和重用。最后，小人越来越多，他们一起造谣生事、挑拨离

间、兴风作浪，在这样的环境下，谁还能安心地工作呢？

　　李凯最近听到了一些不利于他的传言，还是他最信任的下属告诉他的。公司有人在背后讨论他目中无人，对同事不友善，经常在背后说别人的坏话。如果他仅仅是个普通员工，影响并不大，毕竟清者自清。

　　但是他从大学毕业后，就进入了这家外企工作。由于工作突出，在短短的两年里，他就已经成为这家企业的研发经理。年纪轻轻就在事业上小有成就的他，却没有因为少年得志而骄傲，而是以更大的热忱去工作，争取取得更好的成绩。领导们都觉得他是个可塑之才，正准备考察和提拔他，谁知在这个时候出现了这种传言，同事议论纷纷，对他的影响十分不好。

　　正是因为这个传言，李凯被提拔的事情暂时中止了。公司领导也找他聊过天，让他好好想想，究竟跟谁有过过节？如果找不到这个始作俑者，那么谣言就难辨真假。这种情况下不提拔他，其实是种保护。

　　李凯心有不甘，发誓一定要把背后的"小人"给揪出来。功夫不负有心人，他通过各种途径，终于明白了谁是背后造谣的人，也明白了那个人为什么要编造这样的谣言来中伤他。

　　今年四月份李凯在一家商场闲逛时，看到小王和公司的张婷很亲密地在一起。张婷是老板的秘书，公司规定，办公室是不能谈恋爱的。不久之后，公司就传出小王跟张婷的绯闻，张婷不得不辞职离开了公司。而小王认为就是李凯传出他跟张婷的事情的，因此把李凯当成了仇人。

如果是你，你该怎么做？是找小王当面对质，还是搞清事情缘由之后，远离这个人呢？李凯还是很聪明的，他没有盲目地指责小王，也没有跑到领导那里告状，只是从此对小王加以警戒，尽量不跟他产生正面冲突，甚至不想跟他有任何交集。

时间会证明一切。李凯人品好，谣言只是困扰了他一时，却阻挡不了他高升的路子。当他成为小王的领导时，他安排给小王一个边缘性无实权的工作。既然他是个小人，不能直面硬碰硬，借用他的工作能力为公司解决难题。等到时机成熟，相信小王会自动离开公司的。

明智的管理者是绝对不允许自己的队伍里出现小人的，"一颗老鼠屎，坏了一锅粥"，话虽难听却是真理。团队是一个集体性很强的组合，而小人的破坏力又远远超出人们的想象，万万不可姑息养奸。洞察人心很难，远离小人需要清晰的判断力。打造一个强势的团队不容易，千万别毁在小人的手中。

忠诚够不够？危难时刻瞅一瞅

员工的忠诚度是人品的试金石，在企业危难之际，通常是检验的最好时机。患难见真情，亦可辨忠诚。忠诚的人，才能跟企业共成长。

没有企业会一直走上坡路，没有公司能够避免危机。当企业发展顺利的时候，几乎所有的员工都是可以依靠和团结的，这时候员工都会表决心，以显示自己绝对的忠诚。但是一旦企业面临危机，他们不是跟你站在一起想办法解决问题，而是第一个提出要辞职的人，这样的人对企业就是不忠诚的。一个人值不值得信任以及重用，有一个方法可以考察，就是当危难来临的时候，他是否敢于面对困难。

管理者常常被职场中的最佳演员蒙蔽了双眼，因为有些员工真的很会伪装自己。他们对着企业大唱赞歌，面对管理者恭敬亲昵，很自然地被管理者看成是自己人。但是危机一旦来临，忠诚的人不但坚强，并且会挺身而出与企业共进退，尽自己所能帮公司度过危机。再看看假装忠诚的人，他们会在企业最需要他们的时候，撂挑子走人，搞不好还会上演"墙倒众人推"或者是"墙头草，两边倒"的戏份。

大家都记得，2008年的经济危机让很多公司都关门大吉了。但是有一家企业的业绩不仅没有下跌，反而不断地上涨，这在当时让人觉得非常不可思议。有个记者觉得这是很好的新闻题材，于是就采访了那家公司的销售经理。

记者问他："我听说，经济危机刚爆发的时候，你们公司的业绩下跌得很厉害。"

销售经理回答："是的，那个月我们公司根本就没有什么业绩，于是，我马上就召开了会议。会议一开始，销售员们就开始说一大堆业绩下降的原因，我知道他们在诉苦，其实我很理解他们。"

"那你采取了什么措施了呢？"记者接着问。

销售经理说："其实，我也没采取什么措施，我只说，'原来这样啊！看来，大家是没有什么责任了。'接着，我微愤怒地说，'你们是要我带领着你们去提高业绩吗？'就在这个时候，有个员工就站了起来，说是他的错，他没有尽到自己的责任。我就对着所有的销售员说'看到有人敢站出来，坦率地承认自己的错误，我很高兴。我相信，如果在座的各位都能认识到自己的责任，回到自己的销售地区，并保证在以后30天内，每人卖出50台收银机，那么本公司就再也不会发生什么财务危机了。你们愿意这样做吗？'我一说完，一个个员工就站了起来，纷纷表示'愿意'。后来他们果然办到了，而且他们再也没有拿竞争对手太厉害、经济不景气、资金缺少等无谓的解释来当作他们推卸责任的借口。"

难道一场鼓舞士气的会议就能够解决经济危机吗？事情没有那么简单。事实上他开完会后，就积极带领下属们进行销售活动，以身作则，给其他员工树立了良好的榜样。

管理者固然要做好表率，但是那个能挺身而出承担责任的人，才是事件反转的关键。一个真正对企业忠诚的人，在公司遇到困难的时候不找借口，果敢坚毅地维护企业利益，就能实现榜样的力量。管理者如果要想重用某人，那么就要看对方在一些关键时刻，是找借口逃避还是勇敢地面对困难。疾风知劲草，看人

绝对不能看表面，从表面是无法识别对方本质的，所以需要在关键危困时好好地考察。

困境和危机是一种常态，每个公司都会遇到。面对危机，人难免会有一些恐慌，但是一个对企业忠诚的人，会马上镇定起来，勇敢地去解决企业的危机，绝对不会在企业最需要他的时候，选择辞职走人。

顺境中的忠诚并不一定发自内心，只要个人的利益没有受到威胁，大部分人都愿意站出来维护公司。古语云"告之以危而观其节"，指的就是在识人的时候，对你所要识别的对象说，公司出现了危难并希望由他来处理，然后从他处理危难的情况来观察其节操。节操，指的就是一个人的气节情操，就是一个人在关键时刻和重大原则问题上表现出来的立场和道德方面的坚定性。这种精神体现在工作之中的时候就是表现一个人是否对工作有一种忠诚的态度。

一家公司濒临破产，职员陆陆续续地离开，有一个年轻人却始终照常上班工作，并没有辞职的举动。有一天，老板来到公司，看到只有他一个人。老板问他："他们都走了，你怎么不走。"

年轻人看了看老板，一脸诧异："走？您还在，我还在，公司还在，我为什么要走。"接着，年轻人充满信心地对着老板说："我相信您一定能闯过难关的。"

这位老板大为感动，深受鼓舞，于是从朋友那里借了一笔钱，找了一位优秀的产品设计师，开发研制新的产品。老板和这位年轻人一起开发客户。很快公司就走出了危机，慢慢地发展壮大起来。

老板很感谢这位年轻人，便把他提升为公司总经理。公司上市后，他把公司的一半的股份给了他。

顺境中，公司职工都愿意露出自己积极的一面，甚至连他们自己都不知道自己究竟忠诚与否，管理者分辨不出也很正常。但是一个人在关键时刻，比如危难的时候，他会把自己不好的一面给展现出来。这样，我们就可以充分地认识到对方了。

但是，没有哪个公司愿意面临真正的"灾难"，更不愿意危机降临到自己的头上。所以，适当制造"假危机"，考验自己的员工是否有担当大任的能力，这也是无可厚非的。

小心点，别被糖衣炮弹给轰翻了

在职场中，有些下属常常用看似好听的话来糊弄管理者，他们很可能就是没有很好地完成工作。如果一个员工开始对管理者阿谀奉承，那么他必定是有目的的，而且这个目的具有极强的利己色彩。奉承拍马者的最终目的就是想得到一些利益。所以他们会事先想到老板在想什么。在会议上，他们总望着老板要说什么，弄清楚老板要说什么后，他们就说什么，他们总会把老板的话用自己的嘴说出来。

这样的人，做事不行，却在哄领导上格外有"天赋"，所以

我们称之为"拍马屁"。这个词语并不好听，所以是职场人士非常讨厌的一个贬义词。但是奉承者自有过人的"技能"，他们拍起管理者的"马屁"来不显山、不露水，让你浑然不觉，不知不觉上了他的当，最终受害的还是你自己。

擅长阿谀奉承的人，对公司和企业的发展有巨大的危害，所以管理者应当保持敏锐的洞察力和清晰的头脑。当耳边传来夸奖和赞美之时，要分清楚对方到底是真心为之，还是阿谀奉承之辞。真心赞美的人，是心存善意而无目的的。而那些阿谀奉承的人，都是企图通过奉承而达到自己的某种企图。有些奉承是无害的，而有些糖衣炮弹足以让人遭遇很大的经济损失。

沃尔特与鲍维斯是生意上的合作伙伴，俩人无话不讲，并经常为对方出谋划策。沃尔特非常信任他的朋友，对他提出的建议都会无条件采纳。

沉浸在鲍维斯的奉承中的沃尔特，在写给妻子的信中，再一次表达了对好朋友的好感与肯定："这个行业没有机智，没有应变能力，没有专业培训是不容易显露头脚的。有些一肚子诡计的人，看起来很可爱，往往是由于没经验，反而容易上当，之所以我没有像羊入狼群，是因为我庆幸我请教了一个人。我很乐观，自信……我认为很值得让人放心的是鲍维斯。"

可以看得出，沃尔特非常信任这个朋友，对他可以说是言听计从。当时他已经在美国创办了迪士尼，发展前景十分不错。此时，鲍维斯对他说："沃尔特先生，我拥有一组称之为'电影声'的独立录音系统。可以为您的卡通片录音。据说，只需一两位音效人员和五六件乐器即可。"

沃尔特很信任鲍维斯，所以他把一笔又一笔的钱投给了他。

为了不让沃尔特发现他的阴谋，他还假惺惺地对沃尔特说："沃尔特先生，我真的很想帮助您，您的米老鼠也可用来推销我需要的电影声。比大公司给你的钱还要多，我能帮你做到。我可以负担卖到每个州的卡通片放映权的一切费用，包括推销员的开销。你只要需要给我十分之一的毛利就可以了。这摄制卡通片的钱。我可以先借给你。"

一个月过去了，但沃尔特并没有收到鲍维斯的支票。他认为鲍维斯可能太忙，所以就派人去了趟纽约，但还是没有拿到。这个时候，沃尔特才恍然大悟：鲍维斯是个大骗子。

沃尔特始终想不通，与他一起辛苦创业的人怎么会背叛他！这怎么可能？沃尔特一下子像被推下深渊，呆呆地愣在那里。他没有想到，正是因为自己喜欢阿谀奉承的人才有了这样的结果。对方说过的那些好话，就是看不见的陷阱，将他一步一步地带进了温柔的陷阱里面。

还有一些管理者被奉承者弄昏了头，把升迁的制度变成了"党派之争"：谁对他毕恭毕敬、阿谀奉承，就对谁恩宠有加，大加赞赏和关爱。无疑，这种人自己本身品行不端，还助长了周围的阿谀之风。一旦发现自己的团队里有这样的员工，及时想办法处理，避免形成更坏的影响。

其实仔细想想，员工对管理者阿谀奉承，出发点也不尽相同：有的人想找一个靠山，所谓背靠大树好乘凉，有人当靠山总会比较保险；有的人是为了掩盖自己的真实意图，比如暗中打算跳槽，但是不想让别人发现；有的人觉得这样可以缓和人际关系……不管是什么样的原因，都让他们不自觉地围绕管理者打转。

身为企业的管理者要善于观察下属的动机，揣摩下属的心思，才不会莫名上当。不管是有意奉承还是无意地拍马屁，都值得管理者提高警惕，与这样的人保持一定的距离。不要因为他们的糖衣炮弹就失去了原则，从而听信了那些表里不一的话语。

花言巧语像一个圈套，看起来美好，实际上是个黑洞，会毁掉一个管理者的判断力。所以，面对喜欢送糖衣炮弹的人，慎重地听、严肃地观察总是没错的。

如果他懒得做小事，就不要对他委以大事

"一屋不扫，何以扫天下？"学过哲学的人都知道，量变积累到一定的程度才会变成质变。一个人只有把一件件小事做好，才能做成大事。做好小事的人，以行动拒绝了眼高手低，心态放平，才能做成大事。

但是现在很多人，他们满心想做大事，却不想做小事。毫无疑问，这样的人是很难做成大事的。职场新人经常抱怨自己只会被分派到琐碎的小事，但小事情也是工作的一部分，能把每一件

小事都做到位的人，才能在点滴中积累经验教训。

作为企业中的管理者，要知道，企业中每个人的执行力水平都有可能给企业带来巨大的影响，可能是正面的，也可能是负面的。那些对待小事马马虎虎，工作态度不积极的员工必然会影响企业的发展壮大。而那些能够把小事也做到极致，拥有积极工作态度的员工，则能帮助企业实现既定战略，实现团队和个人的共同发展。

福特公司设立了许多工厂，其中每个工厂都设立了很多部门，每个部门都有各自的主管，而整个工厂的统筹人员是领班。领班不是什么人都能担任的，这个岗位不是一个简单的优秀装配工就可以胜任的，他必须要熟悉车间的整个工艺流程。所以当一个工厂的领班辞职走了，厂长就要甚至选择一个人担当起来。

可是厂长平时并没有太关注这些事情，选来选去也不知道究竟谁更有这个资格。但是他猜测，辞职的领班一定有所了解。于是他打电话给对方，问他是否有人能代替他原来的位置，对方推荐了布兰德。于是，厂长就开始认真地观察布兰德来，经过了解，他发现布兰德来工厂已经五年了，还先后到点焊部、车身部、喷漆部、车床部等多个基层部门工作过一段时间，这些部门都是对方主动申请的。

短短五年的时间里，布兰德就已经把厂里各个部门的岗位都轮遍了，大大小小的事情也都做过了。而且，他是能把小事都能做好的人。不管他在哪个部门，哪一个岗位，他都

很出色地完成工作。

厂长基于他了解的情况，就将布兰德请到了自己的办公室。一番寒暄之后，他微笑着问："布兰德先生，你来厂已经五年了。我知道你在很多部门都干过，并且还做得很不错。你为什么要这样做呢？要知道，如果你只待在某一个部门的话，你现在肯定是某个部门的主管了。"

听到厂长的提问，布兰德不慌不忙地回答："我不想止步于某一个部门的主管，或者其他职位，我来到这里就想花点时间，把所有的流程和工艺都搞明白。虽然一直都做着小事情，但是只要我能够把小事做到极致，这就是我工作中最有价值的地方，这会帮助我实现自己的理想。"

听到布兰德这样说，厂长更加欣赏他了，说道："布兰德先生，你是个不错的人才，现在厂里的领班走了，我打电话问过他，问谁能胜任这个岗位，他向我推荐了你，不知道你是否愿意尝试一下。"

就这样，布兰德成了工厂的领班。几年后，他又成为福特公司15位领班的总领班，同时也是福特公司最年轻的总领班。要知道，福特公司里面人才济济，像布兰德这样通过自己的努力和付出得到提拔的人，是真正值得骄傲的事情。

眼睛总是盯着大事的人，却因为没有足够的积累，根本实现不了所谓的壮志。而从小事做起的人，就像一个小小的钉子，不管派用到什么地方，都能发挥积极的作用。小事是大事的积累，不认真做好每一件小事的人，往往会输在细节。而我们都知道，细节决定成败。

> 美国哥伦比亚号航天飞机升空82秒后爆炸，机上7名宇
> 航员全部遇难。调查结果表明，造成这一灾难的原因竟是一
> 块脱落的泡沫击中了飞机左翼前的隔热系统。

这块泡沫材料只有0.75千克，航天飞机这么庞大复杂的工程，别的地方都是精雕细琢的，唯有在填充这些泡沫材料的时候是使用喷枪进行的。这些喷枪喷涂的时候，无法保证泡沫之间不留缝隙，而这些缝隙之中存在着大量的氢，航天飞机进入大气层后，氢膨胀溢出，导致泡沫材料疏松剥落击中了隔热瓦，从而导致1400摄氏度的高温气体摧毁了机翼和机体。

应该说，飞机整体性能系统等很多技术指标都是一流的。但是，一小块脱落的泡沫就毁灭了价值连城的航天飞机，还有7位无法用金钱衡量的生命。在这里，泡沫脱落是一件小事，但是这件小事让人类付出了血的代价。

为什么不建议管理者把大事交给那些好高骛远的人？不积跬步无以至千里，不积细流无以成江海。工作执行得到不到位，是从小事开始衡量，才能识别人才的本质。所以，小事是大局的基础，能够撑起大局的辉煌，也能带来毁灭性的破坏。那些懒得做小事的人，又有什么资格来承担大事呢？

为人才配对，优缺互补，才是最佳组合

职场中，即便有单打独斗的骁勇战士，也难以靠一个人成大事。一棵树是难以形成树林的，一个能干的人才也不能撑起公司的整个局面。所以，公司需要不同才能和性格的人，这样才能组成朝气蓬勃的团队。小团体和大团体只有人数上的不同，但是论管理原则，还是非常一致的。那就是我们需要为人才配对，让优势互补的人聚集在一起，方能做成大事。

不管是上下级之间，还是平级的同事之间，性格互补的人在一起，能够利用不同人身上的优缺点进行搭配，以便碰撞出合作的火花。企业的稳步成长离不开每个人的努力，兴趣相投的人在一起，能够激发彼此最大化的能量。如果能汇集这种能量，就能让企业蓬勃发展下去。

身为团队的管理者，想带好团队成员，就要了解每个员工的特长和短处。"合理搭配、合理互补"是自古以来大人物的用人原则。实现人才的互补，不需要管理者多么富有才能，就能实现轻松推动工作进展。

秦朝末年，乱世出英雄。刘邦是亭长出身，但是他只用了几年时间就结束割据局面，统一了天下。建立汉朝之后，刘邦十分高兴，就召集了跟随他的将领以及一些割地诸侯，来探讨天下大事。

宴会当中，刘邦趁着酒兴问大家："诸位今日说说心里话，为什么我刘邦能够得到天下，而项羽却会丢掉天下呢？"

高起、王陵二人起身作答："陛下攻城略地，每取一处，便分封有功之臣为诸侯，能够和其他人一起分享利益，让大家都尽力为您尽力，这是陛下能够在短短几年内取得天下的重要原因；而项羽滥杀功臣，对贤者常常抱有疑心，总想着一个人独享天下，这是他失去天下的原因。"

但是刘邦听了他们的话，却不置可否地笑了笑。他把自己的想法娓娓道来：大家说的这些，并不全面。我之所以能够成功，不是因为赢得了天下尊重，而是因为我能够合理运用人才。就比如军队中的两大高级军官，一个是大将军，另外一个是军师。如果军师性格稳重，临危不乱，将军队部署得有条不紊，那么与之合作的将军就派性子急躁、但骁勇善战的，每每出兵都杀得敌人片甲不留。将军和军师能力互补，自然会凯旋。

刘邦利用军师和将军性格上差异，搭配出一个完美的合作班子，自然是大智慧了。团队管理者应该学习刘邦的这一智慧，合理运用人才，让他们能够互补合作。不同性格的员工在一起相互配合，常常能做到一加一大于二，这样才能发挥出整体的智慧。学会合理搭配不仅会展现出协作的力量，也能够让管理者省很多心。

原中国女排主教练袁伟民这样总结过："一个队十几个队员

应有各自的个性，这个队打起比赛才有声有色，如果把棱角都磨平了，这个队也就没希望了。"团队协作讲究的是效率，是每个人都发挥自己的特长，短板由另外一个同事给补上，只有这样才能真正实现"人才互补"以及"优势互补"。

唐朝时期，有一位能言善辩的大臣名叫王珪。他擅长辩论，而且有一双识别人才的慧眼，唐太宗对他的能力颇为赏识，经常与他谈论问题。有一次，唐太宗问王珪："本朝臣子众多，但是他们都有什么样的优势特长呢？你又有什么优势和缺点呢？"

王珪思考片刻就说出了答案："房玄龄为国尽忠，事无巨细，必亲力亲为，只要知道哪些事情没做成，就会尽心尽力地去做，这一点上，我不如他；魏征见微知著，时常关注皇上的一举一动，又敢于当面直言进谏，这点上，我比不得魏征；李靖能文能武，外可征讨外敌，内可辅佐皇上处理政务，这一点，我比不上李靖；温彦博处理公务一丝不苟，刚直不阿，并能够简单明了地传达皇上的命令和向皇上汇报工作，这点我比不上他；戴胄智谋过人，善于处理各种疑难问题，这点我同样比不上他。但在惩恶扬善、维护正义方面，我做得有声有色，我认为这点便是我的过人之处。"

唐太宗听完王珪的分析，不禁为他的回答叫好。唐太宗治理朝政被称颂赞美，国家繁荣昌盛也赢得了臣民的支持。之所以能有这样的成果，是因为他擅用人才，并能做到合理搭配人才。无论是帝王建立千秋霸业，还是领导在生意场上有一番成就，都离不开人才的作用，相互补足，"损有余而补不足"，才是对人才最好的利用。

"人才互补"的道理是相同的，员工各有所长，用长处补缺短处，效果显而易见。所以，企业在搭配人才的同时，不光要考虑人才的多样性，还要考虑到各种人才所占有的比例，从而达到最佳的人才互补效果。

睿智的团队管理者，有一双善于发现人才的眼睛，还能对人才进行重新排列组合，让整个团队如同严丝合缝的木桶，没有任何的短板，方能发挥团队最大的优势。

第四章
没有威严就没有话语权

如果我们想要打造一支令行禁止的团队，管理者的威信是非常重要的。身为管理者，必须要让团队成员接受我们的指挥，服从我们的命令。蛇无头不行，只有团队管理者有足够的威严，才能让团队真正变成一个整体，团结起来去面对所有问题。

团队没有规矩，必然乌烟瘴气

国有国法，家有家规，而团队有团队的规矩。不管是学生还是工人，管理上都要讲究纪律。有规有矩才成方圆，这就是规矩存在的意义；不管是员工还是公司，只要想寻求长期稳定的发展，就要制定规矩，保持自律的心态。因为我们都知道，规矩是一切制度的基石，没有人能够随随便便就能带动团队的所有人，他只能靠严明的纪律来收服人心。

很多明智的管理者，都把自己大部分的精力放在了规矩的制定上。对于企业来说，管理者是其发展的指明灯，规矩更是管理的生命。当大家意识到规矩存在的意义，也就能懂得它是一种责任、意识、境界和觉悟。守规矩的人，才能够真正拥护集体；而没有规矩约束的团队，必然是松散的一盘沙，时间久了就变得乌烟瘴气。

一个人没有了"规矩"，就有可能游走在悬崖边上，随时会掉进深渊；一个公司如果没有了"规矩"，不用铁的纪律管理员工，后果也是不堪设想的。这样的团队也只能称之为乌合之众，根本不具备强劲的战斗力。

在规矩的约束下，我们能够正视并时刻矫正自己的所作所为。规矩是我们在社会生活中生存和活动的准绳，我们总是要在规与矩所组成的范围内活动。只有遵守规矩，我们才能有更好的

发展，社会才会不断进步。管理者从自己所看的实际情况出发，制定具有可执行性的规矩，让下属们对自己"心"有所属，才能真正地管理好自己的团队。

　　孙武是春秋时期的军事家，为了能在自己所擅长的方面做一番成就，他决定去拜见吴王阖闾，希望自己能够得到重用。

　　吴王接见了他，孙武就带兵打仗之事，滔滔不绝地发表了一番言论。由于他饱读诗书，再加上口才极好，将所有理论都讲述得头头是道。不过，虽然他讲得非常精彩，但是吴王却更看重实战能力，他不相信纸上谈兵，所以要想办法考验一下孙武，看看他究竟有没有真本事。

　　于是，吴王就出了一道难题，让孙武替他操练姬妃宫女。为此，孙武还让手下的人挑选了一百个宫女，并让吴王的两个宠姬担任队长。操练开始，认真的孙武先把要领一条一条地告知大家，然后亲身示范各个动作的要领，让大家认真看仔细学。

　　一切准备就绪，孙武要正式开始操练了。然而，就在他正式喊口令的时候，这些宫女和嫔妃嘻嘻哈哈笑作一团，根本没有人听他的指令。看来她们并没有把孙武放在眼里，心想自己只是来玩游戏，哪里会真正练习操练呢？

　　见此状况，孙武再一次耐心地讲解了要领，并提出要两位队长以身作则。可是，这一次，宫女们仍然满不在乎，两个做队长的宠妃更是不屑一顾。

此时，孙武严厉地说道："这里是演武场，不是王宫；你们现在是军人，不是宫女；我的口令就是军令，不是玩笑。倘若不按照我的口令操练，两个队长不带头听从指挥，那么就是违反军规，理当斩首！"说完，便叫武士将两个宠姬杀了。

宠姬被押走砍头了，训练场上是死一般的寂静，那些宫女非但不敢说说笑笑，就连大气儿都不敢喘，胆小的甚至当场晕了过去。

接下来，孙武再喊口令时，她们步调齐整，动作划一，与之前大相径庭。没多久，他把这支队伍训练得十分满意，特意派人请吴王来检阅。谁知，吴王因为失去两个宠妃而心痛，所以没心思来看宫女们操练，只是派人告诉孙武一句话："先生的带兵之道我已领教，由你指挥的军队一定纪律严明，能打胜仗。"

孙武是一代军事奇才，他主张从严治军，从立信出发，换得了军纪森严、令出必行的效果。

管理团队和员工，我们也需要孙武的这种信念。只有大家都认同规章制度，只有把规矩变成为习惯，团队成员才会真正踏实努力，甘于服从管理者的指挥。这样的团队也才能具备持久的战斗力，每个团队成员也才能收获理想的个人业绩和利益。严肃的规矩落到实处，最终是为了大家的前途，相信员工也会理解这种管理方式。

喊破嗓子，不如给员工做个样子

想要带好自己的团队，必须记住一句话"以身教者从，以言教者讼"。用自己的行动去教导别人，别人就会接受这种教化；如果只是用言语教化，那么不仅没有教化效果，还会引起大家的不满。站在台上演讲的管理者，只会指挥别人，收效甚微；反观那些以身作则的管理者，即便不说话，也会带来示范力量。

那些说一套做一套的人，很容易失去威信。家长说孩子不要玩儿手机，可自己还抱着手机在玩儿，孩子自然会对家长质疑："你不让我玩儿，为什么你要玩儿？"

如果你制定了一套完善的管理制度，你就要第一个做这套制度的践行人。假如你每天按照规章制度行事，严格要求自己，那么员工自然会对你的行为心生敬意，也会严格执行你制定的制度。

毕业于名牌大学的宋明，在一家小公司工作一年之后，顺利跳槽到一家大型公司并升职为市场部经理。周围人都赞美他前途无量，他自己心里也美滋滋的，憧憬自己能够在新公司大展身手。

可是没想到，才上班一个月，他就遇到了挫折。原来，宋明是个时间观念不强的人。在上学的时候他就喜欢迟到早退，看起来懒懒散散，好在成绩还不错，老师对他也没有过于苛责。他毕业后工作的那家小公司，上下班时间虽有规定，但是他做销售出身，对这些并没太在意，领导也看在他出业绩的面子上，没有提出过多要求。

但是现在，他不再是销售员，而是团队的管理者。他所在的部门，除了他这位领导，还有六名员工。来到这里，他一时改不掉自己迟到早退的坏毛病，被大家看在了眼里。虽然上级领导对他有过一些提醒，但因为任职的是营销部，所以他找了各种理由来掩饰自己的随意。但令他想不到的是，久而久之，员工也跟着他晚到早退，他的团队的业绩开始下滑。在半年后的业绩整合中，他们组最后一名，而且与别人相差很多。

业绩差也就意味着员工收入减少，他作为部门领导被找去谈话，要求他好好找找原因。因此领导找他谈话后，他变得很急躁，从那以后他经常严厉地责备、批评员工们迟到早退，做事不力。

但是，宋明并没有在自己身上找原因，他认为业绩问题的责任就在员工身上，肯定是员工的不努力工作才造成现在这种困境的。而员工们看着宋明的疾言厉色心里一点也不服气，在私底下常常悄悄议论："你迟到的时候我们也没说你有问题呀？""听说他今天早退是因为要跟朋友去喝酒，这样的领导能带好咱们才怪。""他自己都做不好，还说我们呢？他有什么资格！"……

宋明很聪明，自恃才高，他在学校时虽然懒散但也能把知识学好，那是因为要学习的人只有他自己；他在小公司的时候，更是习惯单打独斗，只要做出成绩，领导也会照顾他。而带团队不一样，作为一个团队管理人，必须将自己放在"标杆"的位置上，你的一举一动都会被员工注意到。这就像是领头羊一样，如果你走偏了，那么员工自然也会跟着你走偏。

考勤制度是企业管理的一个缩影，管理者作为一个部门甚至公司的负责人，他的一言一行都被大家关注着。人们不自觉地会模仿管理者的工作习惯和修养，也许就会不自觉模仿，并不会考虑其言行是好还是坏。傅雷说："世界上最有力的论证莫如实际行动，最能效的教育莫如以身作则；自己做不到的事千万别要求别人；自己也要犯的毛病先批评自己，先改自己的。"而在我们的生活中，很多管理者习惯用"嘴"去管，而非"身先"去做。如果这样的话，即使你懂得更多管理的理论，企业有再多的制度，也难以取得你想要达到的效果。

一个真正优秀的管理者要在员工中起表率作用，用自己的行动感化员工，带动员工，这可以在潜移默化中达到说教无法达到的效果，得到员工由衷的认可和尊敬。这样的团队中，员工的工作动力会更强大，管理者也会更轻松。

赵元是一个团队的管理者，他对自己的要求就是一定要以身作则，而不是对着同事们大声嚷嚷。他手下一位新来的工人出现了一点错误，导致产品出现大批量的质量问题，客户要求退货，如若有限时间内不能解决就解约，这样的话会给公司带来巨大的损失。

　　赵元作为主要负责人，面对着重重压力，他没有一味地责怪那个犯错的员工，而是亲自带队，带领员工尽量努力修复出现问题的产品。每天下班，他并不拖延员工的下班时间，而是自己和一些组长来加班。

　　员工们看到这些很感动，一些员工也在下班后主动留下来要求无偿加班。通过几天的努力，终于将错误补就。那批产品最终在客户验货之前赶了出来，并且顺利通过了对方的质检。

　　其他部门的人不理解赵元为什么这么受人拥戴，其实这就是以身作则的力量。赵元的职场之路也因此像开了挂一样，从经理，到部长，再到主管，再到高级主管，他在公司如鱼得水，发展飞快。

　　自己做不到却以言论教导别人，别人不仅不听你的教导，反而会生出是非。管理者的行为本身就是一把尺子，而员工就是用这把尺子来衡量自己的。管理者处处为员工树立一个高标准的榜样，员工们才会做得更好。拥有了好作风的管理者和员工，企业自然也会发展壮大。榜样的力量是无穷的，一定会比单纯的说服教育的效果更好。

怀柔管理虽然好，但威严不可少

　　职场人际关系复杂，不同性格的职工在一起工作，究竟应该对他们严加管理，还是温柔以待？团队领导的管理风格不同，有些人是整日笑呵呵的弥勒佛，也有一些人则每天黑着脸。毫无疑问，两种管理方式都有弊端。职场如战场，领导似将帅，既要笼络人心人情化管理，也要严肃以待，别让员工把"老虎"当成"病猫"对待。

究竟该如何定位自己的身份，关系到管理者的管理风格。有人喜欢怀柔式管理方法，却学不会刚柔并济，恩威并行。管理者一味地"宠溺"员工，只会让员工滋生怠慢之心，致使整个公司人浮于事。有一位管理学家曾经这么说："管理者要知道这一点，你不是幼儿园的阿姨，不能以讨员工的欢心为主业。你的职责是管好下属，为企业创造效益。"所以，为了这个目标，就要重新审视自己的言行。

有一部电影曾经出现过这样一幕：解放军在沼泽地追击逃窜的逃军时，由于长途跋涉，大部分战士已经极度疲乏，甚至出现战士累死的情况。所以战士们强烈要求能够稍微休息调整一下，补充一下体力，再去追击敌人。但是负责带队的将军说了这样一句话："慈不掌兵，若让其逃窜，将贻误战机，后患无穷。"

一句"慈不掌兵"透露出这位将军带兵打仗的风格，可以说他一位是特别严厉的"铁血将军"。虽然手下人可能会因此不满、抱怨，甚至是憎恶，但是在关键时刻，他却能够稳定军心，带领士兵取得战绩。再看看那些在办公室中扮演着"慈母仁父"

角色的管理者：整天笑呵呵，对下属有求必应，掏腰包时决不皱一下眉头。这样的管理者虽然很讨员工喜欢，但凡事有利必有弊，"慈母仁父"的管理方法也有很大的弊端。比如下属不服从命令、业绩直线下降，等等。

　　高思丽是一家罐头公司的售后主管，她的部门员工都叫她"平民主管"，因为她对手下人真的非常和善，可以说一点官架子都没有。她整日里跟大家一起说笑，办公气氛轻松欢乐。平日里员工请个假什么的，她都很少计较。性格和善的她，管理风格一直如此，对自己的手下更是"花式宠爱"。

　　但是最近高思丽的心情就没那么好了。原因出在她的一个下属——小华身上。小华是高思丽的助理，刚刚做完一个腿部手术，腿上还裹着纱布，就到公司上班了。小华坚持带伤上班，精神值得嘉奖。高思丽见状，马上"母爱泛滥"了，不仅天天叮嘱他多注意身体，养好伤口，而且尽量少的给他安排工作，有加急的工作时，即便人手不够，她也不让小华加班。但是，高思丽的"涌泉之恩"并没有换来小华的"滴水相报"。

　　小华带伤上班，却基本没什么事情做。他也私下里跟同事说过："在家休息还要请病假扣工资，来上班领导既不给我安排活，还挺感动，我为什么不来呢？"轻松的八小时很快就过去了，一到下班时间，立即就拖着伤腿，跑去参加一些聚会，一直到半夜才回家去休息，并美其名曰"这些人都是其他行业中的精英，多跟他们接触，可以得到很多商界信息和经验，这对提高我们公司的业务水平是很有好处的。"小华以此为理由，还向高思丽申请"聚会补贴费"。事实上，小华所谓的"精英聚会"，只是和他的一些酒肉朋友聚会，他们凑在一起也只是喝酒吹牛，完全不谈公事。

虽然小华的腿还没痊愈，但已经不影响行走，他就趁着午休时间替家里进行大采购。可是午休时间只有短短的一个小时，上班时间已经到了，他还在超市里淡定地挑选特价食品，这就让高思丽更加生气。于是她把小华叫到办公室质问，谁承想自己最信赖的下属竟然开始说谎："高总，我去超市的目的是考察市场，我发现咱们公司的产品摆放的位置非常不好，促销员对产品知识也不熟悉，我觉得这是一个很大的营销漏洞……"

高思丽虽然是好脾气，但是她可不傻，这次小华真的太过分了，她的脾气也被激出来了："我对你就像对亲弟弟一样，百般照顾，结果你却拿我的仁慈当软弱！真是白眼狼！"尽管她大发了一通脾气，但是小华却早已习惯了她以往的管理方式，并没有放在心上，还是该怎么样就怎么样。

高思丽非常担忧：如果哪天小华拖着伤腿，私自跑出去逛街，或者是挤公交干"私活"，出现意外事情，伤口破裂或者旧伤未好，又添新伤，小华肯定会说是"高总安排的工作不力导致的"，然后打着"因工受伤"的旗号向公司索赔医药费。她曾多次"要求""建议""请求"小华在家好好养身体，但是小华以工作重要为由，根本不肯在家休息。高思丽也很无奈，因为小华的这些毛病都是她一手造成的，她以前太过仁爱，推崇"无为而治"，结果，她的"仁政"使小华成了一个不靠谱的员工。

高思丽的业务和管理能力都不错，但她输就输在了自己过于"心慈手软"。她以为自己的"通情达理""没有官架子"能够受员工欢迎，谁知却一点点丢掉了自己的威严。再想靠发脾气挽回局面，已经是不可能的了。

《孙子兵法》曰："厚而不能使，爱而不能令，乱而不能治，譬若骄子，不可用也。"意思就是，将军掌兵时，如果过分仁爱、过度仁慈、当严不严、失之于宽，总是姑息迁就手下，就会导致"不能使""不能令""不能治"的后果。

管理者表现出适当的亲和力并没有错，但不能毫无尺度地表现自己的慈爱。对于下属，主管要爱而不溺、严而有恪。这样，管理者才可以树立权威，震慑下属，并激发下属的工作热情，建立一个坚不可摧的高效团队。

所有不和谐因素，必须想办法消除

从古到今，智者都对传言保持清醒的头脑，因为人言可畏。本来是一件子虚乌有的事情，但传来传去，就成为大家嘴里的"事实"。一旦团队中出现了爱说闲话、造谣言的不和谐因素，管理者要及早发现，并及时处理，避免产生更大的问题。

谣言，在生活中可能也就聊一聊，说一说，是茶余饭后的消遣。因为人人都有好奇心，也都拥有自由发言权。有些人喜欢捕风捉影，这是他们快乐的源泉。说者有心，把谣言当作生活的调味剂；听者有意，愿意在这个基础上再去扩大传播圈。谁和谁发生了矛盾，谁与谁最近恋爱了，谁家老公又怎么了……总而言之，听了谣言就想要说出去，中间得到的快乐感是这些人无法形容的。

但是，如果一个企业中经常充斥着各式各样的流言蜚语，那就可怕了。无论是什么谣言，它的实质性内容一般都是错误的，但它会像人们常说吃海鲜不能喝果汁一样，虽然是错误的，但会被很多人相信。也就是说，谣言说的人多了，离真相也就越远了，人们也就越来越信了。这种状况势必会对企业造成影响，小则分散员工的注意力，松懈团队的凝聚力；大则影响整个企业的良性发展，在社会中损坏企业形象，使企业难以立足、发展。

彭洁大学毕业后应聘到一家公司做行政助理，她身材苗条外形靓丽，性格温和而又细心认真。所以，到公司不久之后就被提拔成总经理秘书。她早就听说总经理是个严肃古板的人，很喜欢挑刺儿。所以她在工作上更加小心谨慎，争取把领导交代的每一件事情都做好，别做错事情惹来批评。

到岗一个月之后，彭洁发现总经理并非像同事在背后评价的那样可怕。她把大小工作都做得很好，又恪守本分，即便是有疏忽，领导也并不追究。时间久了，总经理认为她是一位十分得力的助手，对她也很和蔼，还经常表扬她工作做得好。有时客户送来茶、咖啡之类的东西，总经理也会让彭洁带回去一些。

就在彭洁努力做得更好的时候，她发现有些不对劲，公司的同事开始对她态度奇怪："原来同期进入公司、关系一直很好的小姐妹突然不怎么和她说话了；在电梯里只要她开门进去后大家会自动向后退；有时本来听到休息室里谈笑风生，但她一进去大家就会散了回去忙工作"……这些肯定不是偶然的事情，肯定是哪里出了问题。

彭洁自己想不通哪里做错了，惹得大家对她敬而远之。刚好到了发工资的日子，她就借此机会跟小姐妹们发信息要请客。但是，无论她约谁，他们都无一例外地推辞，聪明的彭洁突然意识到，她可能陷入流言危机了。

她不甘心自己被流言中伤，却又不知道究竟是什么样的谣言，正准备着手调查时，总经理要出差一周，要求彭洁跟随。因此，她决定出差回来后再调查这件事。

一周之后彭洁出差回来上班，发现同事们看她的眼神越来越怪了。

这天，她吃坏了肚子，从早上就开始恶心，还闹肚子。就在她上厕所的时候，她听到了外面的谈话，说话的人是她以前关系比较好的小姐妹小雅和一个其他部门的同事。

"小雅，你的好姐妹彭洁是不是跟总经理有什么问题啊？"

"是呀！"小雅的语气中带着轻蔑，"当然是勾搭上了，那天我还看见总经理还送给她一个锦缎盒子呢，估计是

首饰之类的。"

彭洁想起那天客户带来的红茶，因为总经理从来不喝红茶，所以将茶叶直接给了她。

"唉，彭洁真是好福气呀，不过，总经理不是结婚了吗？"

"对呀，不过结婚也没用了。"小雅一副明白人的口吻说，"彭洁都有了，今天早上她就一直吐一直吐，看来总经理是想甩也甩不掉了呀。"

"真的？彭洁胆儿真大，没想到小小年纪心思这么重，以后可有她后悔的时候。"

"是呀，我们一起进公司时还以为她是个挺高傲的姑娘呢，没想到也愿意做人小三……"

彭洁躲在厕所气得流眼泪，冲动之下，她打了辞职报告以证清白。

一个小小的助理，工作认真负责，本会在这个公司有很好的发展，却想不到毁在了谣言中。这一次被流言逼走的是彭洁，但这种事肯定不会终结，除非公司管理者察觉到这种现象，处置始作俑者。

谣言是无孔不入的，办公室中的谣言是员工之间矛盾冲突产生的根源，尤其对于管理者而言，它更是一种祸根。由于大家都喜欢对灾祸避而远之的心理，所以，很多人也就对谣言听之信之，好事之人也喜欢将它传播出去。虽然自古有言："谣言止于智者"；但如果谣言出现，身为管理者，以"清者自清"的态度去对待肯定是不可行的。等谣言消失是需要一个过程的，而在这个过程中会出现什么变故、会发生什么事情我们完全意料不到。所以，一旦企业中发现流言，管理者就要设法消除，这对安定人心、安稳企业有非常重要的作用。

有人的地方就会有流言，但这不是姑息不和谐因素的理由。找出根源，从头掐断，还团队一个清澈的奋斗空间！

废话少说，谨言慎行更有震慑

在生活中，沟通需要语言；在工作中，交流需要语言。信息需要借助语言的方式才得以传递，正因为如此重要，我们才必须更加谨慎地去面对生活中的这份内容。谨慎以言语，仔细以行为，以最恰当的方式，表达最恰当的内容，并不断寻求更好的表达方式。

但是成大事的人，不能太放纵自己，夸夸其谈会毁掉一个人，因为言多必失；守口如瓶的管理者，言行稳重方能成功。我们常常会遇到一些说得多做得少的人，滔滔不绝是他们的长项，但是让他们做事的时候就能看出缺乏实力。

轻易出口的话语，经受不住时间的考验，一旦丧失掉大家对你的信任，可能花费很久的时间，很多的精力也不能弥补这样的损失。一个优秀的管理者，往往都是惜字如金的，面对情况，他们总是在做出充分的考虑之后，才会对事情发展做出明确判断和谨慎的抉择。实际上，也只有这样的管理者，才更能在下属中间

树立威信，让下属的心跟着自己走。

对于自己也拿不准事情的本质，用谨慎和包容的态度去对待，谨慎的言语，展现出的是自己自信的性格，也是对当前局势的最好把控。最终结果的发展可能，正是在这份谨慎之中，在这份自信之中，为大家所接受，并以此成就自己在群体中的威信和地位。

森林里的鸟儿很多，但是谁也没见过凤凰。所以每一只鸟都很好奇，大家聚在一起的时候，就自然讨论起这件事情。叽叽喳喳、吵吵闹闹，你一言我一语，讨论得十分热闹。

见多识广的猫头鹰首先发言："我听说，凤凰有一条特别长的尾巴，像孔雀一样开屏的时候，会非常美丽。"

鸽子咕咕地叫着说："我也没见过，听说凤凰的羽毛跟我们的都不同，是令人惊艳的火红色。"

麻雀分享自己的观点："都说它是最漂亮的鸟儿，体态应该很轻盈"

百灵鸟一边梳理羽毛，一边说道："我还听说它的声音非常响亮，不知道是不是比我的还好听呢？"

云雀飞了过来，无奈地说："可惜我们没有福气见到它！"

就在大家叹息的时候，总喜欢夸耀自己知识广博、学问深厚，并把自己称为"百事通"的喜鹊终于开口了，她神气十足地说："其实，我见过凤凰。"

此话一出简直惊呆了大家，喜鹊居然见过凤凰？它们都特别着急地追问道："究竟是什么样子的呢？"

喜鹊得意地抬起头，并放眼四周，它清了清嗓子说："凤凰嘛！漂亮极了，羽毛是红的，尾巴很长，体态非常轻盈，它的叫声响亮极了！"

鸟儿们又抢问："凤凰住在哪儿？"

"就住在森林尽头的湖水边，那天遇见它，它正在唱歌，还向我点头打招呼呢！"

鸟儿们纷纷请求喜鹊，带大家去看凤凰。

第二天早晨，喜鹊在前面飞，百鸟跟随在后面，飞到了森林的尽头。

当大家顺着喜鹊手指的方向看去的时候，只看到一只在岸边散步的大红公鸡。

大家哄然而笑，"喜鹊，你真是骄傲得连凤凰和公鸡都分辨不清了。"然后扑啦啦地又都飞了回去。

这多么像我们职场中的故事，大家围绕问题讨论发言，偏偏有人总结出一大堆"废话"，还要特别骄傲地向大家展示出来，殊不知这种行为最容易被人轻视，导致自己丢掉了威严与震慑力。这种被否定的经历，谁也不想用，那就学会闭嘴，想好了再表达。

经历更多思考与斟酌的言语，必然含有更多的分量，而当自己的性格呈现如此内容时，相信大家也必然会对你有更多的敬仰与尊重。社会已然非常浮躁，信息爆炸难以分辨真假，千万不要

被自己的表达欲望所支配，否则只会透支自己的威望。

一座庙宇里，住着一位老和尚和一个小和尚。三个路过的读书人想预测一下自己赶考的结果，便一起来到庙里求老和尚给测前程。老和尚看了看他们，然后嘴里默念了一些听不懂的话语，最后冲着三个人伸出了一个手指头，并对他们说："这就是你们赶考的结果。"然后，多一个字都不肯说。

小和尚看着师父的举动十分疑惑："师父，您是什么意思呢？我怎么看不懂啊。"师父冲他神秘一笑，并没有解释什么。

终于，三个读书人都考完了，都中选了。他们兴高采烈地带着礼物一起来拜谢老和尚，并赞他是神机妙算。

等他们三个人走了之后，老和尚揭开谜底："我这一个指头，就已经包括所有的情况。若只有一个中了或只有一个没中，我测对了；若中了两个，一个没中，我所说的是有一个不中；如果他们三个全部考中了或全部都没考中，我也测对了，因为这是一起中的意思，反之，就是一起不中。"

小和尚这才恍然大悟。

谨言慎语，惜字如金，让对方去揣摩其中种种可能，最大的扩张了自己话语的模糊性，将所有可能都包罗其中，最终成就的是个人的威望与认可。

工作之中，管理者总会遇到许多的选择和判断，这个故事也许会成为一个很好的借鉴，自己也拿不准的事情，用谨慎和包容的态度去对待，谨慎的言语，展现出的是自己自信的性格，也是对当前局势的最好把控。

威严不等于独裁管理

知识和观念不断更新迭代，企业的管理方式和领导风格，也跟以前有很大的区别。从前老板认为自己给员工发工资，就可以对员工随意发号施令，并不给他们发表意见的机会。这种管理方式现在依然存在，高高在上的管理者，由于对自己的职权认识不够到位，导致他们喜欢独裁专断的管理方式。

但是这种管理方式已经是不可取的了，管理者即便想增加自己的威严，也断然不该通过这种方式取得。因为我们要注意，员工是赋予管理者权利的人，管理者的很多决策、计划可以得以实现，全是员工的积极支持和努力配合所得。如果没有他们的全力配合，只有管理者自己孤军奋战，那么，管理者的完美计划、英明决策就可能成为空中楼阁，甚至会因为寡不敌众而受到伤害。

新时代的管理者，绝对不能再延续之前的"一言堂"模式，这是已经被淘汰的管理方式。历史上的希特勒建立了自己的纳粹帝国，他一人独裁最后换来了什么样的结局，大家都非常清楚。现在最科学的管理方式便是民主式的管理方法。只有营造平等对话的氛围，管理者经常倾听员工的建议与意见，才能将事情处理好，才能让团队中的每个成员都保持敬畏之心。

索尼公司的第一任董事长名叫前田多闻，他是索尼发展史上的重要开拓者。当时公司只生产收音机，并没有单独的耳机和随身听。他从中发现商机，并力排众议，不顾产品工程师的强烈反对，最终生产出来了这两个产品。产品投入市场便引起了轰动，给索尼公司带来不少收益。

有了前田多闻的故事在前，所以另外一个董事长井深大也爱上了这种管理方式。当时市场上电视的画面分辨不够，画面不够清晰，井深大发明的特丽珑技术可以很好地解决这个问题。但是，因为成品率不高，产品几乎没有利润，众人一直反对。但井深大主意已定，他借贷200万美元，创造了第一台特丽珑彩色电视机，在世界范围内引起了很大的反响。

当索尼的管理者看到了这两个成功的案例，就在公司自动推广这种独裁式的管理方式：领导的决策都是对的。从此，索尼公司进入了独裁管理的时代。但正如郎咸平所说的"成也文化，败也文化"，最终让索尼陷入危机的，恰恰就是管理者的独裁。

出井伸之担任索尼的高层管理者后，也同样使用了独裁管理。他认为，消费者看电视机时，主要是看内容，并不在意外壳。于是，从1998年开始，索尼公司做了改革：放弃电视机的外壳制造，进入内容领域。这使得索尼完全失去了高科技的优势，所有重要的零件都要依赖于其他公司，大大地增加了成本，这给了索尼沉重的一击。

索尼曾经是电子行业里的天之骄子，却因为独裁的管理文化，将自己引入了没落的境地。"面板不敌三星，电脑难比苹果，游戏机受制任天堂和微软，曾经独领风骚的日本消费电子产品巨擘索尼，如今已老态毕现。日前公布的财报显示，索尼去年亏损约4.45亿美元——亏损已经持续两年。业界认为，索尼屡战屡败，其高层和管理缺陷罪责难免。"这段评论是对索尼公司状况最精准的评论。

一个善用独裁管理方式的管理者，或许会因为天时地利成功几次，但同时他就失去了"人和"这个因素。随后而来的，或许就是像索尼一样，因为独裁而遭遇重大的失败和挫伤，甚至是没落了。作为管理者，自己的每一个决策都事关重大，都可能影响公司的发展。而独裁会让我们的眼睛"看不见"，耳朵"听不见"，最终做出错误决定，而开明民主则会让主管减少错误。

威严的人看似有震慑力，但这都是管理者过于表面的想象。改用民主管理方式，也并非随波逐流没有主见。所以，把握好民主管理的度，摒弃独裁管理的弊端，才能在树立自己的领导威信的基础上获得下属的拥护。

第五章
自古套路撑不住，
唯有真情留人心

　　每个管理者都有自己不同管理团队的方式，都有自己独特的领导风格。但不管是哪一种领导风格，都绕不开真诚这两个字。

　　真心待人，才能换来别人的真心；真心待人，才能保证团队始终是和谐的；真心待人，才能保证团队在出现问题的时候仍然有凝聚力，有承担风险的能力。

和谐，是卓越团队永恒的旋律

国家倡导以人为本和可持续发展，这种理念也是团队进步的力量源泉。不同的人才汇聚到一起，管理者就应该平衡方方面面，最终要以团队成员的"合理需要"为出发点，以团队中多数成员的利益为重心，从每个成员的"合理需要"出发，最终落脚于人的"合理需要"和团队利益。这是企业中以人为本的理念，是打造和谐团队的关键。

真正的成功来自和谐的团队，每个成员都要彼此团结，心往一处想，劲儿往一处使，就像拔河比赛一样，赢家都是齐心协力的那一方。和谐的集体方能产生巨大的智慧和力量，最终实现辉煌的目标，走向胜利的彼岸。管理者作为团队领头人和指挥者，应该发挥点明队员的作用：没有和谐的团队，个人能力再强，也很难成就理想。

创造和谐的团队氛围，是为了最大化地激发员工的进取精神。聪明的管理者要调动起每个成员的才能，让他们为集体贡献能力和智慧。要做到以人为本为出发点，有分歧的时候及时发现和解决，关爱下属不偏袒员工，给予真诚的帮助和公正的评价，才能让身处团队中的成员，做到心悦诚服。

松下公司在招聘员工的时候，更看重他们是否具备优秀的团队合作精神，是否能够与员工和领导和睦相处。如果做不到这一点，那么即便是应聘者的才能再优秀，也不会被录用。之所以会有这样的招聘标准，是因为松下公司注重构建和谐的团队。管理者从每一位员工身上挖掘更深层次的和谐合作精神，就是要其中的每一个员工相互配合与支持，提高团队的合作精神，提升工作的效率。

公司管理层的用人理念非常统一，他们不会让团队中的每个岗位都由精明强干的人来担任，因为顶尖人才都有自己的理念与主张，无法实现有效的配合，工作进度自然是个问题。那么团队里只需要一两个精英，其他配合人员无需有多么出众的才能，只要能够心悦诚服地遵从那一位有才智的管理者，事情也就能够顺利进行了。

每个人都有长处和短处，所以要取长补短，就要在分工合作时，考虑个人的优缺点，切磋鼓励，同心协力地谋求工作的良好进展。团队协同作战中，如果将众多高智商的人才聚拢到一起，不见得就一定能使工作顺利开展，而只有分工合作、精于搭配、齐心协力，才能产生辉煌的战绩。

也正因为有如此特别的管理理念和用人理念，松下才能成为业内有口皆碑的上市公司。

我们一再强调和谐的重要性，是因为只有和谐的团队才能更好更快地实现目标。如果一个团队中各个成员之间彼此猜忌，貌合神离，必定会阻碍事业的发展，也谈不上和谐。如果一个团队只图谋发展，而忽略了和谐的重要性，那么发展就只能是暂时的，不会长久下去。而只有不断地发展，才能促进和谐，只有形成和谐，才能带动发展。

但是大家都明白和谐不是天生的，它是在个性差异、价值观不同、能力有别的众多人的基础上，慢慢建立起来的。所以，公司里会有太多性格和做事风格有差异的人，我们强调要在相互了解和彼此包容的基础上，合作中的分歧不会演变为矛盾，团队成员之间会以宽容、体谅来稀释双方的不足，和谐也因此而生了。

因此，要想懂得带队就一定要学会树立榜样，同时注重培养下属的这种相互了解和包容的精神，让团队中的每个成员都懂得换位思考，体谅对方。若如此，每个团队成员就会充分意识到集体力量的强大，也会看到自己在团队中的重要作用。当你的团队成员都形成了这样一个好的心态和精神，就不愁建设不出和谐的团队来了。

一粒沙子不会形成广袤的沙漠，一阵风就会把它吹得无影无踪；一颗雨滴不会变成广阔的大海，太阳一出来就会让它蒸发到空中。可是，如果有数不尽的沙粒、雨滴，就会组成壮美的景观。和谐的团队是成功的基础，聚齐人心才能带领大家走向更加光明的未来，聪明的管理者也会因此成为大家心目中的偶像，大家一起创造奇迹，创造未来。

管理就是管人性，带队就是带人心

管理究竟是管什么？这是团队管理者要搞清楚的问题。是管理大小的事务，还是管理好团队中的人呢？我们已经知道，好的团队要团结和谐，大家共同努力，才能实现目标。管理的本质就是管任性，谁也不想得到庸才，谁也不想自己的下属"当一天和尚撞一天钟"，作为管理者，谁不想下属为了企业着想，为企业卖命呢？但如果你不得人心，谁又能为你卖命呢？如果想要员工以心工作，就要与他们将心比心，以心换心。

管理者所做的事情，都是从集体出发，不能为了自己的利益而把员工当成炮灰。不能以心换心的管理者，格局太小无法放手用人，害怕下属会抢了自己的位子。古语有云：得人心者得天下。得不到员工的真心支持，不管是团队还是管理者的位置，都有随时崩溃的危险。

想要得到员工的心，管理者就要把员工放在心上。人心都是相对的，以真换真；感情都是相互的，用心暖心。管理者事事将员工放在第一位，久而久之，就会成为一种企业文化，吸纳更多的人才前来为企业服务。如果想让马儿跑得快，就要将草料喂足，也要给它适当的休息。有些企业给员工的感觉是时刻都在被压迫、压榨中生存，员工如何会真心付出呢？一个好的团队，人心齐很重要，因为集思广益后才能碰撞出耀眼的火花。

　　孙东是一家电气器材公司的销售部经理，他手底下有几十名销售员工，个个都是历经考验的销售精英。由于工作做得好，孙东每年都会拿到公司对他个人的奖励，奖状和奖金二者缺一不可。

　　有不少跟他一样职位的经理，很自然把这奖金揣到自己的腰包里，最多也就是请部门员工吃顿饭。但是每次表彰会议结束后，孙东拿着奖金回到部门，他照例将其中的一大部分拿出来，作为奖励下属员工的资金。虽然平均下来，每个员工得到的奖金不多，但员工们拿到奖金后心里都很高兴。

　　这件事传到其他部门经理耳朵里，他们都表示不太理解："老板是给你发的奖金，你却每年都要分给手下人，还一分就是一大半，落你手里的还有多少！有这必要吗？"

　　孙东大方地回应道："当然有必要，虽然奖金少了，但用这点儿奖金换来手下人的忠诚难道不值得吗？也正因为如此，每年年会的奖金才会被我拿下呀！"

　　原来这就是孙东团队的厉害之处，根源在于部门经理的真心相待。很多人都做不到像孙东这样"大方"，把属于自己的钱分给下属。但是，得之失之在一念之间。孙东作为一个小团队的管理者，明白了一个道理，你所获得的所有成绩都要依靠团队的鼎力合作，如果只把自己放于管理者的地位，对下属呼来喝去，认为他们是打工者，做所有的事都是应该的，那么必然会与下属产生隔阂。如此一来，下属怎么会再为了团队而努力呢？

　　对于人性本善还是本恶的争论从未停止过，但是能管理好人性的人,自然也可以得到人心。当管理者决定以心换心,团队的氛围自然也会变得积极向上。在此基础上,员工会积极做出相应的贡献,那么管理者就要通过一定的方式进行奖励。这样积极的回应,会形成心理学所说的皮格玛利翁效应,员工会朝着自己希望的方向发展,企业自然也会向好的方向发展。

所以,成功的上市企业,都离不开人心二字。人性化的管理,给予员工更多良性的发挥空间,奖罚相辅相成。能在团体中感受到温暖和重视,员工才会更加尊重和敬爱自己的企业,并且会更加团结一致。

韩信是刘邦手下的一员大将,自从他平定了齐国之后,便产生了做齐王的想法。于是他写了一封信,向刘邦说明这一请求。刘邦当时正被项羽围困在荥阳城,接到请求后,刘邦大怒。张良进言劝说刘邦,刘邦才答应册封韩信为齐王。

韩信被册封后,心中对刘邦大为感激,而且做事也更尽心尽力,以自己的军事才能为汉王朝立下了汗马功劳。还好刘邦有张良的劝说,得到韩信这样的良将的"心",收拢人心,自然可以坐拥天下。

其实,天下最难测的是人心,最难收服的也是人心。想要收服人心,必须也要将心比心。

管理的对象既然是人,那么我们就要重视人心的重要。企业和员工为企业服务,是为了养家糊口。把他们的利益放在心上,就是把团队和企业的未来放在心上。带队并不难,难的是管理者能不能意识到人心的重要性。

多点人情味，试试家庭温暖式管理

现代管理者和职业经理人都反对家族式管理，因为这种沾亲带故的公司，会有太大的局限性。人际关系处理起来麻烦、人事调动影响多方利益、对未来的发展方向把控不准……家族式的公司更像是一艘开不动的巨轮，负担极重。但是它并非一无是处，如果我们的现代团队管理能稍微借鉴一下，那么就能让员工对公司产生家一样的感觉，并甘心为企业付出。

我们所说的家庭温暖式管理，并非要回到过去，在墙上写着偌大的"爱厂如家"的口号。而是在现在的管理带队理念中，强调一下温暖人心的重要性。员工跳槽换工作，或许是冲着薪资或者发展前景去的，这符合员工的生存和成长需求。但是能不能为了公司全力以赴，还是要依靠公司文化。

大家会发现，员工体会到被关心和尊重的时候，就是他们能够倾心相待，为公司尽心尽力的时候。所以公司氛围变好了，企业文化富有人情味了，员工身在公司能感受到家庭的温暖，其积极的意义是显而易见的。家族式企业虽然有些弊端，但家庭式团队氛围还是值得每个管理者借鉴的。家庭式团队中，领导人就好比家长，严宽相济，赏罚分明，而团队成员也好似兄弟姐妹相互扶持，这样的团队要想业绩、排名靠后都是很难的。正因为如此，我们才要在自己的团队中，尽力做到家庭式管理。

19世纪60年代，费雷得·德卢加是当时有名的快餐店老板。他开了几家三明治快餐店，都取得了成功。因此，他不断扩大生意规模，招聘更多的员工，成为大家眼中的成功人士。

虽然他已经取得了这样的成绩，但他没有坐在办公室里，而是每天都要去店铺进行巡查，以便发现需要改进的地方。不管是后厨还是就餐处，他下班之后都要去看一看，这已经成为他的一个习惯。

这一天，他来到了距离公司不远处的一家餐厅，眼前的情形让他十分生气：柜台上摆得乱七八糟，柜上的物品也是随手摆放，甚至还有几个桌子没有收拾，严重影响了店面的形象。于是他特别生气地冲着其中一个正在收拾的店员说："这是你们干的活吗！"

店员认出了自己的大老板，连忙一边收拾一边解释："对不起，我们马上收拾。今天实在是太忙了。"

德卢加缓了一下态度说："这要在客人离开后迅速收拾掉，不然会影响其他客人进餐的心情。"

"好的，好的。"员工低头忙着回答，声音带着歉意。

"快干活吧！"德卢加拍拍员工的肩膀后说。然后，他将外衣脱下来，与员工一起收拾着。收拾完后，德卢加说："下不为例，希望你好好干。"

"好，好。"员工心里早已经感动得不得了了，没想到老板竟然没有辞退他，反而与他一起收拾，他陷入感动中。

德卢加查看店中的营业额时，觉得特别神奇，他特别关注了昨天被他批评的那名员工。那名员工所在的分店销售量远远地超出了近期销售记录，而且也比其他店高出了一大截。这时他才明白：之所以昨天晚上那家餐厅很乱，是因为那家餐厅顾客太多，员工却并没有增加，人手不够，便出了昨天那种状况。

想到这里，他突然觉得自己可能犯了一个错误，让自己的店员受了委屈。因为那个年轻人是个老员工，入职以来一直兢兢业业，对待工作认真负责。有几次，这个年轻人还得到了店长的嘉奖。看来，他可不是偷懒或者推卸责任的人。

想到这儿，德卢加马上从沙发上跳起来，出了门。他来到那名员工所在的餐厅，发现那个员工仍在工作着，便走上前说："对不起，我是来给您道歉的。我不了解情况就批评您，请您原谅。"员工点点头，说："没关系。"说完转头走了，德卢加感觉到，这位员工并没有真正的原谅他。

虽然这位员工并没有表示自己的不满，但是德卢加在他脸上看到了一丝委屈与不甘。德卢加想道："这不可以，他是我得员工，也是我的亲人，我是不能让自己的弟弟受委屈，也不能让这位员工带着情绪做事情。处理不好这件事，就会影响整个店里的销售业绩。"

于是，德卢加沉下心来，对那个员工动之以情，晓之以理，特别是告诉了那个员工他内心是多么悲伤及内疚。

在德卢加一再的道歉下，员工终于说："我的确心里很别扭，天天任劳任怨，为店忙碌，没想到忙完一天了还要平白无故地受了这么大的气。"员工的眼圈红了，继续说，"我辛苦地工作为的不就是让您表扬一下吗？但没想到我不但没有得到老板的表扬，还被白白地被训了一顿……"

德卢加听出了员工内心的委屈，他十分诚恳地在众员工面前向那个员工道了歉。员工终于被他的行为感动了，他有些惭愧地说："您骂过我之后，我的确心里很不满，我不知道该怎么样才能够发泄心里的愤懑。所以，就在您离开餐厅后，我悄悄地到储藏间拿了一加仑的食用油，狠狠地倒入了排水沟当中……"德卢加笑笑说："好吧，希望你以后少倒点油，因为以后你再也不会受这种委屈了。"

身为管理者，学会关心员工，并且为员工着想，是一定会得到回报的。因为员工总想为自己的"家"做得更多，他们比老板更希望团队和谐，也会更敬重领导。孙权是三国的名将，他二十岁左右掌事，却有很多人不服气。不过，带兵的方式很特别，爱兵如子，用兵也不含蓄。虽然年轻，却让他的属下一生追随，终于成就了他的历史威名。

人是有感情的，作为一名企业管理者，想要获得成功，最重要的就是如何学会控制员工的心理。我对你好，你便对我好；我对你不好，你也不会对我好。这是最简单的解释"好感"的方法，将员工当成家人，给员工以"家庭式"管理的感觉，便会让企业渗透入员工的心里。

狡兔死，狗不烹，善待你的老员工

"狡兔死，走狗烹，飞鸟尽，良弓藏"，是历史留给我们的悲剧。事情成功之后，主事者就把曾经出过力或卖过命的人抛弃或者杀掉，于情于理都让人无法接受。公司的发展是靠一批批员工投入工作后才发展壮大的，如果只依靠新鲜血液维持运转，看似是打了一手的好算盘，其实是犯了"用人朝前，不用人朝后"的错误。

老员工是跟企业一起发展的，不管是入职十年还是二十年，他们都把自己的青春贡献给了公司。一天天时间过去，当初的毛头小伙子也成了中年人，因为没有人可以永远年轻，谁都有变老的时候。如果这个时候领导运用小算盘，通过使用不善待老员工的方式，迫使他们离开，那么这种管理者不算是好的管理者。

为什么管理者要跟老员工过不去呢？客观地说，老员工随着年龄渐长，他们的精力大不如从前，头脑和思想都不够灵活，很有可能会降低工作效率。但是因为他们在公司的时间长，薪水也会越来越多，这会让管理者"心疼"。所以，他们更喜欢招聘新人，因为新人的反应快，工作积极，效率高，最重要的是薪水也给得少。

公司中的那些老员工，他们是跟随企业一起成长起来的，当年他们的大好青春都贡献给了这个公司，如今他们老了，却遭到了公司的嫌弃，这是多么悲惨的一件事！谁都有老的时候，现在年轻的员工也在看着管理者怎样对待老员工、老功臣，如果管理者全然不顾，只为眼前利益着想，那么现在的员工一定会想："这老板真是用人靠前，用不着人靠后呀，我们也有老的那一天，他会怎么对我们呀？"久而久之，公司人心涣散，公司上下由此及彼、触景伤情，哪里还会真心付出，为企业谋未来呢？

鸬鹚是一种擅长潜水、喜欢吃鱼的飞禽，很多渔民都把它驯养成自己的得力助手，从小养到大之后，它就能解决渔民的打鱼问题。有一位渔民养了很多小鸬鹚，十几年来，这群鸬鹚为渔民一家带来了不菲的收益。渔民一家也对它们很好，好吃好喝地伺候它们。

不过，这种飞禽的寿命比较短，很快就变老了。变老的它们，眼睛不够犀利、腿脚又不便利、甚至反应都变慢了许多。因此，它们不能再跟随着渔民去下海捞鱼了。但是，渔民还是要打鱼呀，为了养家糊口，他特意又从市场上买回来几只小的。训练没有花费太多的力气，一段时间后，小鸬鹚掌握了捕鱼的能力，很快就能下海捕鱼了。

经过几天的努力，渔夫发现捕的鱼的数量越来越多，他满意极了。再看那些老了的鸬鹚，渔民就弃之不顾了，一只只饿得皮包骨头，毛稀稀拉拉地耷拉着，奄奄一息，很是惨淡。

而那些年富力强的小鸬鹚看到这个情形，不免在背后议论纷纷，为老鸬鹚感到不值，仿佛看到了自己的未来。所以，它们决定集体罢工，不再下海去捕鱼。即便渔民把它们带到船上，大声呵斥它们，也完全不管用。这些小鸬鹚蜷缩的在船头，无精打采。

渔民生气的同时也非常不理解，他对小鸬鹚们说："我给你们最好的待遇，将最嫩的鱼给你们吃，将最舒适的窝棚让给你们住，每隔三五天就给你们放两天假，你们为什么要这么对待我呢？"

小鸬鹚们不约而同地朝向老鸬鹚旁边，说："因为我们现在年轻，能够为你捕鱼，我们才能有吃有喝，等我们不能给你捕鱼了，我们的下场还不是像那些老鸬鹚一样？"

有些团队管理者经常把"世界上什么都缺，就是不缺人"这句话挂在口头上，老员工心生不满后，他也用这句话来回绝。新员工看到这种情况，"推人及己"地明白：这个公司是只重利不重情的。老员工也明白公司的决策，便陆陆续续地走了。

于是多米诺效应出现了，老员工们一个个都走了，同时带走了很多老客户，而新员工也不能及时到位。年轻员工发现公司"用着人看前，用不着人就靠后"，哪还有什么心情继续工作呢？

现在的社会越来越流行跳槽，大家会发现很少有哪一位员工能在一个企业工作终生。仔细研究这个现象，你会发现，其实并不是员工不安分，不认真，而是很多管理者以金钱来衡量工作价值，觉得员工年纪变大，对企业的价值越来越小，就越来越不重视，甚至有些管理者还会降低老员工的待遇，逼迫老员工自己辞职离开。

其实善待老员工不一定要给他们年年升职加薪，但是要尊重他们，并承认他们给公司带来的功绩。即便他们已经不再像年轻人一样骁勇善战，但是只要把他们安排在合适的位置，同样能发挥巨大的作用。当年轻员工感受到管理者的人情味和智慧安排，就不会再心生恐惧，安心留下来与老员工共同奋斗。

有功不独占，才是聪明的样板

企业的发展靠大家的力量，集体的成绩是大家的功劳。一个人的力量微弱，即便他能力再强也不能面面俱到。因此，成功的团队都是通力合作的，这点不容置疑。当集体取得功绩的时候，团队的管理者是应该独享成绩，还是应该揽功推过呢？这是我们需要深思的问题。

会带团队的人，会尽量克服自己的私心，把功劳归功于员工，反而能成就自己的事业。聪明的管理者会带出忠诚度高的团队，不仅靠业务能力，还要靠收服人心。如果一个人做事能力差，还总喜欢独占功劳，那么他最后一定会发展成被孤立的对象，独自品尝失败的苦果。

企业中，做出成绩后才会被管理者赏识，升职加薪的机会也会更多，这是一个不争的事实。但是，如果在一个团队中只想着自己的利益，就会像眼睛中进入的一粒沙子，早晚会被排挤出来。身为管理者更是如此，推功揽过，利益让给下属，你会发现员工对你会更加敬重，你们的团队凝聚力也会更强。

谁不想立功请赏，但不能贪功，更不能抢功。特别是一个团队的带头人，如果员工取得了某些功绩之后，自己千万不要抢过来领奖，因为你不占功的话，管理者也会知道员工的功劳有你的付出；如果你非得抢功，管理者和员工都会看到你浅薄的一面。

余英英是一家教育公司的市场策划，她的工作能力特别强，不仅本部门的同事知晓，就连市场总监也对她青睐有加。有一次，总监召集他们部门的人开会，指名要求余英英和其他两位同事一起做一份策划书，并让余英英的部门经理先审核一遍再交给他。

因为客户要得急，余英英和同事加班加点熬了几天，终于把这份策划书完成了。她记得总监的要求，便把这份策划书交到了部门经理哪里进行审核。没想到，经理看了看这份企划书，表示十分不满。他当场就对余英英一顿批判，并当场修改了不少细节。

虽然经理改得十分痛快，但是余英英却心怀疑惑：经理修改的都是他们重点推敲出来的条款，没有这几条，这份策划几乎就是废话，没有什么意义。不过他还是劝解自己可能策划书真的有问题，既然改了就行了，打起精神来还要工作。

余英英把策划书送到了总监那里，没多久就接到了他的电话："你现在过来一下，咱们再讨论讨论你们的企划书。"余英英赶紧跑过去，一推门发现自己的经理就站在那里。

　　"我看你以往的工作能力挺强，怎么连这么简单的一份策划书都做不好，有些重要的条款为什么不写进去，只写一些无关痛痒的内容有什么用？你知道那些条款没有是很难让客户通过审核的吗？你快过来，拿走继续改！除了前两页，后面都得改。"看得出来总监很生气。

　　这时候，部门经理赶紧接话："前两页是我给修改的，以我的经验做出来的，自然不用改。其实他们做完我审核的时候加了很多条款，余英英他们几个非说不用，现在出问题了吧。"

　　余英英和他的同事都气愤不已，但是身为下属，如果辩解的话，只会遭受更大的惩罚，只好心灰意冷地将策划案拿回去修改。事后，部门经理却好像什么事都没发生一样，心安理得地让几个下属为自己背黑锅。他的下属们对他满心怨恨，从此员工和上级的关系就变得貌合神离。

　　这位部门经理就是典型的自私者，他把功劳都归到自己头上，却把锅推得一干二净。上下级之间要互相帮衬，如果总想着邀功却不愿承认过错，那么只会形成上下级之间相互提防的关系。这样的话，工作还怎么顺利展开，这直接影响到部门的工作效率、业绩，最后受损的是企业，而身为管理者也会因此付出代价，这真是太不聪明的做法。

　　小智是一家快递公司的组长，他闲暇时常常与员工聊天，当员工有些好的看法或者建议的时候，他会说："这看法不错，记录下来，过两天拿给我看。"小智从这些意见中提取了很多可用信息。

季度末时，公司进行了一次业绩考核，小智这一组的成绩很突出，公司高层将功劳都归在了小智身上，小智自然也拿到了一笔奖金，还与公司高层出国玩儿了几天。但是回来后，他发现自己被员工完全隔绝了，他们不再喜欢找自己聊天，每天就是按计划干活，再也没有一些可以采纳的建议说给他听了。

小智对此很疑惑，他思考了一段时间后，对公司提出："可能是员工们对工作产生了倦怠情绪，还是换一批新人吧。"一开始，还有一两个新人提了一些建议，但时间长了，新人从老员工那里了解了小智之后，也都闭口不谈了。人们都说："小智这个人，取得的功劳都归到自己一个人身上了，谁还愿意跟这样的人工作？"

身为管理者，对员工好，员工自然就会对你好，会以加倍的努力来工作，回报企业。如果你已经位于管理者的位置上，就要将胸襟变得宽广，不能为了一己之私而去抢员工的功劳，也不能因为一时小利而失去未来的大利益。只有这样，员工与管理者之间才会形成一种互相帮衬的氛围，管理者也会赢得员工的真心与忠诚，为自己拼一个长远的未来。

急员工之所急，解员工之所难

对于员工来说，公司就是第二个家。同事如亲朋好友，管理者似长辈老师。一个懂人性化管理的管理者，必然会以真心对待员工。他们尽力将办公室布置得更加温馨，也会经常举办各种活动让员工释放压力，同时他们也对员工的不良情绪更加敏感。

人有七情六欲，也会经历波折起伏。员工每天背负着压力工作，身心俱疲，也许一根稻草就会压垮他的精神世界。此时，他更希望自己的管理者能够开解和安慰，而不是视而不见，或者因为自己的情绪影响工作被领导批评。一个成功的管理者，在以严苛的制度约束员工工作的同时，也很会采用温情管理团队，严慈并济下的管理才是带领团队最恰当的方式。

一个员工因为事业上遭遇了危机，显得萎靡不振。聪明的管理者不应该急着批评和处罚，而是应该跟对方谈谈心，听听对方遇到了什么难处，帮助他解决困难。所以员工遇到急事和难事的时候，就更能凸显管理者的价值。

人的一生不可能总是尽如人意，人生之路也是起起伏伏，所以有时欢笑，有时悲伤，有时兴奋，有时落寞。我们的人生最幸福的不是快乐时的举杯相庆，而是失意时的一份理解、一声安慰、一个拥抱、一句鼓励。

作为一个聪明的管理者，将员工当成自己的家人，当他们失意时，不要隔岸观火、置之不理，更不要落井下石，如果此时你能伸出援助之手，他们走出低谷后就会为企业创造一片春色，还你一个惊喜。

　　孙华是"空降"来的高管，来之前这家公司的董事长就跟他交代清楚了：公司发展时间长，经历过破产重组，所以老员工占大多数。老员工多的地方，往往就是矛盾多。现在公司员工分成了几个派系，人事关系非常复杂，已经影响到了公司的发展。所以，孙华的任务是带领大家走上正轨，让公司脱胎换骨露新颜。

　　果然，孙华刚刚上任，很多派系就开始拉拢他。这些派系当中的明争暗斗给公司的管理造成了很多障碍，甚至还有一些派系看拉拢不成便采取极端手段，一步步削弱孙华的管理威望。

　　不管什么派系，都有一个"核心"人物，公司里面最能撺掇着大家闹事儿的就是销售部的方组长。别看这人职位不高，但是影响力不小。他算是公司的元老，做事十分认真，而且吃苦耐劳，对公司绝对是忠心耿耿。他有优点，也有缺点。拉帮结派也是他最擅长的事，他拉拢了一批人站在自己身边；而对于那些没入他伙的，或者他看不顺眼的人，方组长就用尽一切办法狠整。也正是因为如此，公司上上下下都很怕他，没人敢得罪。

　　孙华并不着急实施自己制定好的政策，他要继续观望，寻找合适的机会。终于有一天，机会来了。方组长犯了一个很大的错误，就连董事长都被惊动了，他暗示孙华可以趁机开除这个人。

犯了错误的方组长，此刻也意识到了自己所犯错误的严重性，明白自己就要被开除了，被人抓住了小辫子，再加上公司讨厌他的人特别多，事情的结局是不乐观的。因此，他整个人也没精打采的。

因为他的错误涉及方面比较广，孙华特意召开了中高层会议，打算通报并讨论一下这件事。毫不意外的是，会上所有的部门领导都好像约定好了一样，众口一词，一致认定方组长应该被开除，他们甚至列出了一大堆的"罪状"。面对这种情况，方组长知道说什么都没用，他一言不发，垂头丧气。

大家讨论完之后，就等着孙华发言，他会代表董事长做出最后的决定："方主管身上那种对工作的干劲，恐怕在座的各位都达不到，他这种对工作的负责精神，对一个团体来说能起到很好的领头作用。所以，我建议留任观察一段时间，如果他对工作不上心，或者再犯同样的错误，再开除他也不迟。"

听到这个决定，参加会议的领导们马上交头接耳，看得出不太满意这个决定。但是再看方组长，他欣喜地抬起头，感激地看着孙华，眼里仿佛有泪花。

后来，孙华又召开了一次全体会议，在会上他这么解释自己的决定："我认为看一个人，不能只看他的表面，也不能只看到他的缺点，大家也应该看到他身上所蕴藏的优点。作为一名合格的员工，就要加倍努力地工作；对一个团体来说，一个好领导能起到好的表率作用；而一个称职的领导是对工作有责任感。

对于前段时间方组长的错误，我也再说两句。这次方组长的错误，并非他主观上犯下的错误，而是无意犯的错。这样的过错可大可小，可能他这次的错误给公司带来了不小的损失，但是请大家相信我，给方组长一次机会。我相信在以后的工作中，方组长会更加认真努力地工作，将这次公司的损失弥补回来。"

大家一开始安静地听着，后来议论纷纷，到最后都鼓掌以示自己对孙华的赞同。孙华在最关键的时候保住了方组长，必将换来他的真心，从此他也将改头换面，为公司献出自己最大的力量。

聪明的管理者，如果能够帮助下属渡过难关，会让下属更加忠于你；落井下石，只会让下属更加记恨你。我们工作不仅是为了公司创收，更是为了容纳更多的人才让公司发展壮大。

员工总认为管理者高高在上，不会注意到自己的存在。管理者何不弯下腰来，跟员工相视一笑，或者拍拍对方的肩膀，或者在一个温暖的午后安慰员工压抑的心灵？也许只是一句话，或者一个小动作，就能让员工重新定位自己与管理者、公司的关系，更加投入、更加奋进！

第六章
懒人定律：你不给压力，
他们就不给效率

团队没有活力，是比团队没有能力更加可怕的事情。当一个团队缺少活力的时候，那就说明这个团队已经走向慢性死亡了。

团队想要越来越好，想要日渐强大，保持在当前的水平是绝对不行的。只有不断提高能力，不断提高效率，不断地进步，才是唯一的出路。团队的发展就如同学习一样，逆水行舟，不进则退。想要保证团队进步，那就必须要给团队成员压力，让每个人都动起来。

不靠谱就淘汰，看谁敢懈怠

优胜劣汰、适者生存，是当今职场管理者的用人原则。为了增强企业的活力和竞争力，每隔一定的周期，管理者就要把不能胜任工作的员工给淘汰下去。这么做是为了减轻企业的负担，也能够对留下来的员工起到一定的督促作用。

当自然界的黄金法则应用到我们的生活中，员工和公司都要打起十二万分的精神，避免自己在竞争日益激烈的社会被淘汰下去。虽然这种不靠谱就淘汰、谁懈怠谁下岗的用人机制过于残酷，但为了企业的发展，为了个人能力的提高，这种残酷的存在是有必要的。

狮子与羚羊是天敌，他们共同生活在非洲大草原上面，却每天都要面对同样的事情：狮子为了生存每天都要告诉自己跑得更快，只有这样才能追上矫健的羚羊；羚羊为了活命也告诉自己拼命地跑，只有这样才能不被狮子吃掉。于是狮子每天都会吃掉跑得最慢的羚羊，这样他和下一代都能生存下来。而羚羊中偷懒或者不拼命奔跑的那些，就被淘汰了，剩下的群体跑得更快、自我保护能力更强。

海尔集团是一家大公司，多年以来他们不断淘汰旧技术，也淘汰了企业中那些能力不够强的管理者。他们充分运

用了优胜劣汰的自然法则，激励能者上并委以重用。

在这里，只要进入公司的员工都可以参赛，所有的人都是赛手，所有的岗位都是赛场，人人都能升迁，而且向社会全面开放，不分年龄大小、身份贵贱、资历高低，只要有技能、活力、奉献精神和创新精神，这里就是人才驰骋的赛场。也就是说，只要员工工作绩效突出，又具备相应的素质能力结构，可以胜任较高职位要求，那么员工个人就可以按照规定的步骤得到升迁和提升。

把企业变成了"赛场"，让每位员工参赛，提出"变相马为赛马"的用人理念。海尔的赛马规包括三条原则：一是公平竞争，任人唯贤；二是适职适能，人尽其才；三是合理流动，动态管理。对人才的任免考核讲求公平、公正、公开，简称"三公"，决不搞"暗箱操作"。这三条原则，向我们展示了其可行性的关键。公平竞争，人尽其才和动态管理，让所有员工都有上进心，积极参与到职位升迁的比赛中。

这种竞争方式多么像丛林里的狮子与羚羊，如果没有彼此的激励和激发，高管岗位上的管理者会在不知不觉中丧失了奋斗的动力，每天习惯应付工作毫无斗志，更无法给企业带来什么效益。普通员工没有合理的晋升通道，也必然会浑浑噩噩不思进取。

百事可乐是一家成功的国际上市公司，该公司产品在全球都非常受欢迎，其产品成功决定了公司的成功。如何管理这么大的公司，高管韦恩·卡洛韦给出了这样的回答："我们一直坚持优势劣汰的用人法则，这样才能及时调整公司的队伍，让合适的人做合适的事情。对于那些表现糟糕的员工，我们只能让他下岗了。"

卡洛韦对他的员工大多数都了如指掌，他亲自制定下属各类人员的能力标准，每年至少一次和他的下属共同评价他们的工作。如果这个下属不符标准，也许会再给他一段时间以观后效；如果已达到标准，就会在第二年习惯性地提高要求。

经过评估，公司的工作人员一共被分为四类，采取四种对待方式。第一类，最优秀者将得到晋升；第二类，可以晋升但目前尚不能安排；第三类，需要在现有的岗位上多工作一段时间，或者需要接受专门培训；第四类，最差者将被淘汰。

不过我们要注意的是，优胜劣汰制是以员工竞争为基础，竞争搞过头了，也会走向反面，导致同事之间的关系紧张，企业处于一种人心惶惶的氛围，团队合作几乎没有，在员工心理上便成了一件十分有压力的事情。

因此，聪明的管理者在使用前一定要慎而又慎，不妨使用"末位淘汰"制。对某一范围内的工作人员实行位次管理，规定其在一定期限内，按特定的标准对该范围内的全部工作人员进行考核并据此排出位次，并将位次列在前面的大多数予以肯定和留任，而将居于末位的一个或几个予以否定和降免职的制度。

进行末位管理时要注意保证公平性和合理性，否则不仅会失去人才，还会引起其他员工的恐慌，使他们得不到肯定且没有安全感，很容易引发一系列负面效应，甚至导致企业的不稳定。

不靠谱的员工没有竞争力，没有上进心的员工留在企业中危害巨大。如果不及时调整人员安排，不给员工一点压力，只会后患无穷。市场竞争激烈，企业如逆水行舟，不进则退。充分调动员工的竞争性，能够充分地优化队伍，不断地为企业补充新鲜血液，保持竞争活力。

责任摊派到位，不给员工偷懒的机会

"没有责任感的军官不是合格的军官，没有责任感的员工不是优秀的员工，没有责任感的公民不是好公民。"可以看出，责任是一种担当和付出，它是每个人应该承担的任务。没有责任感的人，很难成为人才。把责任视为压力或者负担，反而产生一种动力，督促人完成自己的使命。这是西点军校名言的出处，同时也是最合理的归宿。

责任是每一个人应尽的职责。在公司里工作，员工需要承担责任，容不得相互推诿与懈怠。积极承担起自己的责任，才称得上是优秀员工。公司需要做大做强，前途利益需要维护，都需要员工积极负起责任。如果一有问题就学会找借口推诿，工作上变成消极而被动，那么公司里就会养成不良氛围。

英国一位总裁名叫谢巴尔德，他对下属的要求就是"要么奉献，要么离开"。绝不允许下级在他的面前因工作干不好而找理由推卸责任。人在其位，则谋其政，让责任落实到每一个人的头上，不给员工偷懒的机会，只给员工实现自我价值的时机。

有一次，一个不了解谢巴尔德的新员工找到了他，说自己真的完不成任务，因为那件事实在太难了，还说了好大一堆理由，就是为了推卸责任。

谢巴尔德听后坚决地说道："够了，够了，现在我需要的不是这些好理由，而是要你仍旧照我的命令去做，否则，你就别做这个部门的经理。"他的做法很正确，他是要让下属明白，对于自己应该承担的责任就该负责，而不能随便找个理由推脱，这样才是一个称职的员工，这样才能尽心尽力地做好工作。

为什么我们要强调责任的重要性，这对于企业有重要的意义。优秀的员工，即便面临巨大的难题，他也会不顾一切地去尝试，终究成为一个不找借口的英雄。管理者要强化员工的责任感，并将责任量化清楚，让每一个人都知道自己的责任所在，这样才能发挥激励作用。

员工必须了解自己的努力在全局当中的位置，清楚自己的责任边界和工作角色，这样更容易接受管理者要推行的"责任状"。事先明确每个人的责任，将责任真正落实到个人头上。让员工清晰地认识到哪些责任是自己必须、应该承担的，是不可推

卸的，那么他们就无法找到为自己开脱的借口了，这是制止员工在工作中互相推脱责任、同时也是激发他们工作热情的最好方法。

　　海尔集团的管理方式中有许多亮点，不管是高层管理，还是基层员工，都有自己的明确的目标和定位。偌大的公司，做到了管理上的井然有序，这是特别不容易的。所以，海尔集团的管理上注重职责分明、责任到位，才能让大家更加认真负责地对待工作。

　　步入海尔冰箱厂的工厂，有一座五层高的大楼，那是海尔的材料库。仓库所在的楼里有2945块玻璃。乍看起来，这些玻璃干干净净，跟我们平常见到的并没有两样。但是等你走近就会发现，这2945块玻璃每一块上都贴着一张小条！每个小条上印着两个编码，第一个编码代表负责擦这块玻璃的责任人，第二个编码是负责检查这块玻璃的人。擦玻璃、检查玻璃人员的名字都印在玻璃上，清清楚楚、一目了然地明确了两个责任人。一旦出现问题，谁也赖不掉责任。

　　这只是海尔公司的一个缩影。小到一块玻璃，大到生产设备，每一个需要人维护的物品都会标明责任人与监督人，并把详细的指标和考核标准，列入考核之中。比如，海尔冰箱的生产过程总共有156道工序，海尔精细到把156道工序分为545项责任，然后把这545项责任落实到每个人的身上，如此形成了环环相扣的责任链。

　　"人人都管事，事事有人管"，海尔严格的"责任到人"的制度使每一个参与工作的个人和组织丝毫不敢懈怠，尽职尽责地努力工作。正因为如此，海尔成了高质量的"代言人"、中国企业的榜样。

一位著名的企业家曾经遭遇到过一段事业低谷，问及他如何"鲤鱼大翻身"时，他如是说："当我们的公司遭遇到前所未有的危机时，我知道必须依靠自己的智慧和勇气去战胜它，因为在我的身后还有那么多人，可能会因为我的胆怯从此倒下。所以，我决不能倒下，这是我的责任，我必须坚强、更坚强！"

员工偷懒、推诿问题让管理者头疼，其实只要一招就能轻松解决。科学、清晰的责任分解图，就是员工的军令状。这与职务高低无关，与工作量大小也没关系。只要能把责任分到每位员工身上作为激励和鞭策，一定让每个人的工作成果都圆圆满满。

没有刺激，就没有活力

不管是怎样类型的团队，面对管理都会遇到同一个问题。老员工在公司工作时间久了之后，就逐渐失去了新鲜感和热爱度。他们内心对公司和同事的敬畏之心，随着时间的推移，彼此的熟悉，变得厌倦、懒惰甚至没有生机。大家都因为失去了活力而死气沉沉，工作没有积极性，工作业绩得不到保证，每个人都没有危机感，企业活力更是一天天减少。

如果这时候，把那些富有朝气、思维敏捷的年轻生力军引入一个老团队里面，将使那些已经故步自封、因循守旧的懒惰员工面对更大的压力，稍有不慎，他们就有可能被清出团队。为了继续留在团队里面，他们就不得不再次努力工作，证明自己的能力，更好地为企业的发展服务，以免被新来的队员在业绩上超过自己。

这种良性的竞争机制，能够让老员工产生危机感，激发工作的活力，让整个团队的面貌焕然一新。可以说，一位聪明的企业管理者，总会适时挖过来一位新人，带给大家新鲜感十足的刺激，从而提高整个团队的效率和业绩。

"鲶鱼效应"给人们带来很多思考，这个故事其实更像是一个关于企业管理的故事。故事中的沙丁鱼与现实中处于稳定状态的员工，故事中的鲶鱼和空降职场精英，都是同样的命运，也都反映了一样的道理。

传说有一个国家的人民特别爱吃沙丁鱼，于是渔民就出海捕捞，即便走很远也不怕。因为这种鱼价格很高，如果能运一整船的沙丁鱼回去，肯定能赚很多钱。

但是问题出现了：当渔民满载而归，他们打开鱼舱准备出售沙丁鱼的时候，却发现一大半的鱼已经死了。原来生活在大海中的沙丁鱼，不适应离开大海后的环境。当它们在鱼舱一动也不动的时候，就离死去不远了。

沙丁鱼原来这么娇贵？渔民看着死去的沙丁鱼十分心疼，因为这些死鱼没有人喜欢要，即便要了之后，价格也特别低。究竟该怎么办呢？

后来渔民想出一个法子，将几条沙丁鱼的天敌——鲶鱼放在运输容器里。因为鲶鱼是食肉鱼，放进鱼槽后，鲶鱼便会四处游动寻找小鱼吃。为了躲避天敌的吞食，沙丁鱼会自然地加速游动，从而保持了旺盛的生命力。如此一来，一条条沙丁鱼就活蹦乱跳地回到渔港。

原来因为窒息而死的沙丁鱼，缺乏忧患意识，在稳定的环境中失去了生命。鲶鱼的"入侵"，则唤起了"沙丁鱼"们被吃掉的忧患意识，为了生存它必须活跃起来，充满激情地向前游，这一现象后来就被称为"鲶鱼效应"。

一个相对安静没有波澜和威胁的环境，不管是对动物还是对人类，都没有太大的益处。生于忧患而死于安乐，没有竞争意识的员工，很难被激发出活力。如果能通过外界因素搅动"宁静的死水"，那么员工的内心将被重新唤起，让每个人都因此感受到活力带来的新鲜和刺激。

日本本田汽车公司的员工士气不振，销售量不断下降，这令总裁本田大为忧愁，他找来了自己的得力助手、副总裁宫泽，询问有何良策。宫泽给本田讲了沙丁鱼的故事，于是本田决定去找一些外来的"鲶鱼"加入公司。经过周密的计划和努力，他把松和公司销售部副经理，年仅35岁的武太郎挖了过来。

武太郎空降到丰田担任销售部经理，一开始并没有得到员工的欢迎和认可，也对他的豪言壮语毫无感觉。但是不久之后，他凭借着自己丰富的市场销售经验和过人的学识，以及惊人的毅力和工作热情，受到了销售部全体员工的好评，员工的工作热情被极大地调动起来了，活力大为增加，公司的销售出现了转机，月销售额直线上升，公司在欧美及亚洲市场的知名度不断提高。

这是一次成功的"实验"，从此本田公司每年都会从外部聘用一些精干利索、思维敏捷的30岁左右的生力军，有时甚至聘请常务董事一级的"大鲶鱼"。这样一来，公司上下的"沙丁鱼"都有了触电式的感觉，工作起来也格外卖力气。

世界上的许多团队管理者都对"鲶鱼效应"青睐有加，靠外力激励员工，让他们重燃竞争意识，二次开发头脑或者思想，只为不被别人比下去。但是，管理者应该对"鲶鱼"的数量加以控制，如果一个企业"鲶鱼"数量过多的话，整个团队就会出现"个个是英雄、整体是狗熊"的现象，因为个个"鲶鱼"都想坚持自己的观点，合作和沟通就不存在了，整个团队就乌烟瘴气了。

强有力的竞争，可以促使员工发挥高效能作用。在对员工的管理中，引用个人素质高、业务能力强的外来优秀人才，利用"鲶鱼效应"让每个员工都有竞争的意识并能投入到竞争之中，激发企业内部活力，这是每一个管理者都应该学会的激励方法。

给点压力，激活员工的潜力

研究表明，没有压力的员工，很难发挥他的潜力；没有压力的公司，很容易就濒临破产；没有压力的团队，很容易就自动解散了。没有压力意味着什么？员工懒懒散散、得过且过，工作效率非常低。但是一旦他们的工作忙碌起来，工作时间过得紧凑而又紧张，人的精力也会越来越集中，甚至员工自己都会被自己的能力"吓到"，此时他已经能够成功释放潜力。

不想当将军的士兵不是好士兵，因为每个人的潜力无限，他们都有成为将军的可能。放任员工随波逐流、岁月静好，那么他只能做一个没有任何成绩的士兵。如果他的上级能及时给员工施加一定的压力，逼出他们的竞争意识，逼出他们的进取意识，那么每个士兵都有成为将军的可能。

现代社会呼吁"学生减负""人生减压"，但作为员工真的不能误会了"知足常乐、能忍则安"。知足常乐指一个人知道满足，所以总是快乐。但员工的"满足"是对自己的放纵和浪费。不做有压力的工作，看似是不贪不念优渥的高薪，实际上是在工作中不思进取、得过且过。面对这种情况，管理者必须给员工施加一定的压力，进而激发员工积极进取的上进心。

美国前国务卿基辛格是工作能力非常强的人，即便他工作非常忙碌，也要坚持把每份工作都做到极致。这种工作风

格不仅让他个人更加优秀，就连他的助理也因为他的管理方式，需要时不时地"逼"自己一把，否则是过不了基辛格这一关的。

有一次，他让助理做了一份计划书。助理深知他的高标准、高要求，十分用心地做了一份递交上去。几天之后，基辛格依然没有给出回复，助理就小心翼翼地问道："请问，我这份计划书可以吗？"

基辛格自然没有忘记他对计划书的印象，于是他和善地问助理："我已经看过你的计划书，但是我想问问你，你觉得这份计划书是你的最高水平吗？"

"这个，我花了很长时间去做这份计划书，也浪费了不少的精力，所以我感觉还可以。"助理听出基辛格对计划书的不满，他的回答中也带着一丝忐忑。

"我相信你再做些改变的话，一定会更好。难道你不希望将这份计划书做得完美无缺吗？"基辛格充满期待地对助理说。

助理回答："也许有一两点可以再改进一下……也许需要再多说明一下……"

不需要基辛格多说什么，助理就带着自己的那份计划书离开了。此刻他感受到了领导给他的压力，但他并不害怕，反而激起了他不服输的心态。于是他下定决心要研拟出一份任何人——包括亨利·基辛格都必须承认是"完美的"计划书。这位助理日夜工作三周，废寝忘食，改了又改，最终他得到了自己想要的效果。

这一次，基辛格当面看完了助理的计划书，又一次提出了同样的问题："这的确是你能做到的最完美的计划书了吗？"

这一次，助理不再感到郁闷，他骄傲并自信地回答道："没错，国务卿先生。"

"很好，"基辛格说，"感谢你的辛勤劳动。"

每个人的潜力都是需要压力才能解开封印的，但不是每个管理者都能意识到这一点。或许管理者意识到了员工的状态过于平静和安逸，却不知该从何下手。这个时候，适当借助外援来完成任务，说不定会有惊喜。

有一家公司突然遇到了运营问题，生产人手紧缺，资金链也断了，一大半的员工提出辞职。剩下的员工虽然没有辞职离开，但是他们都只是做好分内的事，对公司的困难视而不见，听而不闻。领导有心让他们在做好自己工作之余，去车间义务劳动。可大家都说这样压力太大了，没有人愿意接受这个提议。

没办法，总经理聘用了一个名叫艾隆·布鲁姆的年轻人，担任人事主管。布鲁姆接受了新任务后，首先召集剩下的150名员工训话，他宣布："每天自上午八时至下午五时，各人做自己分内的事。你是秘书，就做秘书的事；你是经理，就做经理的事；你是工程师，就做设计的事。但在五点以后，从秘书到我自己，全都加入生产线中，协助装配工

作。你们和我都得听生产线领班的命令。没有加班费，只有一块三明治当晚餐。"

就这样过了两年后，这家公司又恢复了正常，甚至营运得比以往还要好，员工的士气为之大振，公司也开始赚钱了。对于自己的成功，布鲁姆解释道："竞争是培养人才的动力，忙碌则是培养人才之母。"

当每个人都有事要做时，整个组织就会呈现出一片繁忙且生机勃勃的景象。每个人的精神面貌会得到改善，个人的业务能力也会有所提高，组织的风气也会不断改善，其效率自然会不断地提高。当每个人都有压力时，便会调动全身心投入到工作中，争取多出好成绩。

给员工施压没有错，但聪明的管理者一定要把握好度。给员工的压力过轻，效果甚微；但施压过重，则会破坏员工的身心健康，让他们产生抗拒心理。做好合理的调研，给员工适当的压力，既要激发出员工体内的潜能，又能保证员工的情绪与配合，这样的压力才是我们强调的"度"。

为员工"树敌"，让他们焦急

精英的成功，一半要感谢自己的自律和付出，另一半则要感谢竞争对手。没有对手的员工，就无法对自己进行准确定位，甚至看不到自己能力上的缺失。自我感觉良好的人，在没有竞争对手的情况下，无法发挥最大的潜力。最可怕的是，有上进心的员工会因此失去变得更优秀的机会，还会常常抱怨工作没意思。

为什么员工需要"敌人"？这要从心理学上进行分析。马斯洛理论告诉我们，当人满足了生理需求和安全需求之后，就想追求更高级的社交需求、尊重需求以及自我实现需求。员工工作的动力，从最初的生存需求转变到了被尊敬和成长发展的需求，这一切都是要有对比才能实现的。

希望自己比别人站得更高，或者在管理者的心理占据更重要的地位，都是常见的心理状态。这种想法其实是一种自我优越实现的欲望，不会受性格和经历的影响。即便一个人的竞争心很弱，一旦旗鼓相当的对手出现，他们的超越意识也就更加强烈。

有些争强好胜的员工，会不自觉地树立自己的假想敌，并因此加强自己的业务能力，让对方知道自己是更优越的存在。但如果员工不善甚至不喜欢竞争，那么管理者就要利用员工的潜意识，给他们塑造一个假想敌，让员工知道竞争对象的存在，并帮助对方超越自身。当他们体会到竞争带来的快乐，全力以赴地为公司奋斗时，那么管理者的工作就会变得轻松很多。

有一家制造模型的公司，经常接一些着急的单子，员工因此有些抱怨。经理为了解决这个问题，决定从个人"下手"，让他们提高效率的同时，还不会产生怨言。

他找来一个非常努力的员工并对他说："小贾，为什么我叫你做的一件事情这么慢才做出来呢？你为什么不能像小黄那样快呢？"反过来，他对小黄却这样说："小黄，你为

什么不以小贾为榜样，像他那样做事效率高一点呢？"

两个员工听了之后都表示不服气，私底下更是经常较真，看看谁的业绩更好。过了不久，经理需要两个不同的铸件，便叫小贾和小黄一人负责一件，尽快送到铁道开关及信号制造厂去。他中午下达的命令，下午俩人便都把这件事办好了。

但是经理还丝毫不知情，他以为这两个员工还跟以前一样最快也要第二天早晨才能完成呢。当他看见小贾慢悠悠从他门前走过，他就叫住了他："小贾，你怎么还不去工作，那个东西急着要呢！"

结果小贾特别自信地回答："经理，我完成了啊，现在给您送过来看看。"

经理很意外："很好，这次真的很快啊。"

小贾又追着问："但是，听说小黄也做出来的，不知道他送过来没有？究竟是他快还是我快呢？"

经理站在那里笑而不语。

这个经理是多么的聪明，两个本来无心竞争的员工，被他一两句话就挑成了"竞争对手"。如此聪明的管理者会时常利用员工的这种自我优越的欲望，为其设立一个竞争的对象，让对方知道竞争对象的存在，进而轻易地激发起员工的工作热情，从而让他们主动展开竞争，工作效率自然就会提高。值得一提的是，这种方法不仅适合单个的个体，也同样适合团队。

最近纺织厂的杨总新提拔了一个年轻人担任车间主任，那个年轻人有能力又有潜力，是个有前途的中层领导。但是他被派去的二车间不仅生产落后，工人也不是很好管理。所以，他上任之后想了很多办法激发工人的积极性。加大奖金力度、优胜劣汰等多种激励方法都用上了，也不见有什么效果。

眼看车间的生产力达不到生产指标，车间主任十分着急。有一次，他来到了车间门口，一言不发。这时恰逢换班时间，白班工人们已经陆陆续续走出车间，晚班工人们则准备交班。"给我一支粉笔，"车间主任说，然后他问旁边的一个白班工人："你们今天完成了几个生产单位？""5个。"只见，主任走到车间门前，在大门上写了一个大大的、醒目的"5"字，然后一言未发就走开了。

看到大门上多了一个数字，很多人不懂什么意思，夜班工人更是觉得奇怪。白班工人回答，"车间主任今天来这里视察，他问我们完成了几个单位的工作量，我们告诉他5个，他就在墙壁上写了这个5字。"

第二天，车间主任又来了，他看到自己昨天写下的"5"已经变成了"6"，不禁暗自笑了一笑。夜班工人们已经将"5"字擦掉，换上了一个大大的"6"字。下一班白班工人看到了墙壁上的"6"字，"哼，夜班工人比白班工人好，是不是？好，给他们点颜色瞧瞧！"他们全力以赴地工作，下班前留下了一个神气活现的"7"字……就这样，该车间的生产状况逐渐好起来了。

这个车间主任终于找到了提高员工积极性的办法，就是让他们分成了两个队伍，同时把竞争摆在了明面上。这样一来，他利用工人们"好斗"的本性，不仅巧妙地解决了该车间完不成指标的难题，还使工人处于自动自发的工作状态，最终的受益者是不言自明了。

因此，如果企业发展遇到难题，而无法激发员工的士气，管理者不妨给员工们设立一个竞争对手。这样可以有效激发员工的竞争意识，能让他们的潜力浮出水面，才能奋身一搏，帮企业走出困境。但是，选择竞争对手也应遵循一定的技巧。假想敌与员工的能力差距过大，那么员工会产生望而生畏的挫败感，或许连试都不试，就决定破罐子破摔，自然无法起到激励的作用。如果两人的实力持平，或者假想敌的能力仅仅高了那么一点点，员工稍微努努力就追上，也同样没有效果。

看来，员工的"焦虑"也是种宝，管理者合理运用就能把握住机会，帮助员工实现能力上质的飞跃。

高标准、高要求，做人才进化的推手

工作中有这么一种常见的现象：工作能力出众的员工，热情饱满积极向上，也做出了一些成绩。但这种状况持续不了多久，就会结束。他们会满足现状，并且不再要求新业绩。久而久之，他们的表现甚至还不如资质一般的员工。管理者替他们觉得惋惜，却又不知道该从何纠正他们错误的发展方向。

其实很简单，面对这种员工，管理者就要想办法采取正向激励：提高对他们的工作要求，制定高标准的要求。有能力的员工不怕挑战，这会激发他们的斗志，从而释放更深层次的潜能。他们之所以会懈怠，是因为在现有的岗位上找不到自己可以突破的地方。如果管理者不断为他们设置高标准的目标，就能推进人才的成长。

美国一位名为克雷格的管理顾问说："设立高期望值能为那些富有挑战精神的贤能之士提供更多机会，这是激励人才的关键。"人与人之间的能力不同，追求自然也不一样。面对同样的公司资源和待遇甚至奖励，人才不会因为这些就停住脚步。对员工不断提出更高的要求，让他们开展挑战性的工作，为他们提供新的成功机会，是团队和人才共同发展的关键。

微软公司一直是业内的翘楚，其对人才的重视也是在全世界都出名的。微软一直在发展，因为行业具有特殊性，如果不能做到技术快速更新换代，那很容易就被淘汰了。因此，他们对人才的期望很高，同时也给他们设立很高的目标，激励员工一次次地突破自我。1980年，西蒙伊加盟微软公司，之前他已经在IT行业取得了不俗的成绩，他原以为自己在微软的工作会很轻松，但是很快他就发现盖茨给他的工作多么富有挑战——进行电子表格程序、贸易图形显示程序和数据库应用程序软件的创作。微软提供的舞台让西蒙伊找到了挑战自我，挑战极限的快感，最终他凭借自己的努力完成了三个软件的创作。

还有一个IT行业的元老级人物史蒂夫·鲍尔默，也因为比尔·盖茨给他设立的目标，而成为传奇人物。微软从1981年开始开发WINDOWS操作系统，当时已经是微软商务经理的鲍尔默挺身而出，承担起开发的责任。盖茨只说，如果视窗软件不能在1985年春前上柜台销售，他就要鲍尔默走人。在当时这个挑战性的工作几乎是一个不可能完成的任务，不过鲍尔默却体验到了挑战的快乐，最终他没负盖茨所望，1984年11月成功地把WINDOWS3.0推向市场，不仅使自己声望大增，还赢得了总裁的位置。

这两个人是微软公司人才的代表，也慢慢成了人才图鉴上的一个缩影。很多人担心他们完不成任务而被公司辞退，甚至成为行业的笑柄。但是比尔·盖茨对自己的员工有信心，他是这样解释的："微软觉得，有一套严格的制度，你就会做一个很规矩的人，但你的潜力发挥到70%就被限制住了，微软要每个人都做到100%。特别是做软件，需要人的创造力，所以微软有一种激励的文化，如果你现在的情况能做到70%，那公司给你资源，公司给你方向，公司给你鼓励，让你去达到100%。"

别让常规标准束缚了员工的发展，也别担心人才会畏惧困难和挑战。一个真正吸引人的公司应该是一个能够让员工不断挑战自我的公司。喷泉的高度不会超过它的源头，思想高度决定人生高度。一个人只有不断地挑战，才能使自己的思想更积极，眼界更宽阔，进而激发内在的潜能化为无限的成就，那么，未来的高度就有可能"会当凌绝顶，一览众山小"。

　　大家都听说过"鲤鱼跳龙门"的故事。鲤鱼的祖先告诉它的后代：我们要努力跳过那个龙门，别管失败多少次，都要去努力，因为只要跳过去，就能变成飞龙。这个传说激励着每一条鲤鱼，每年每月每日，跳龙门已经成为他们的习惯。

　　有人替它们觉得不值，就劝说那些因此受伤的鲤鱼："这只是你们祖先的一个美好愿望罢了，你们不要太当真，鲤鱼就是鲤鱼，怎么能够跳过龙门成了龙呢？还是安稳一点，不要白费力气了。"

　　鲤鱼回答说："不错，我们鲤鱼至今还没有能跳过龙门的，但因为这样高标准要求自己，锻炼了我们鲤鱼跳跃的本领，所以才能胜过河里所有的水族，登上跳高冠军的宝座。"

　　鲤鱼的祖先究竟是什么样的用意，我们已经不得而知。但是那些能够朝着"龙门"勇于跳跃的鲤鱼，的确拥有了跳跃和生存的本领。同样的道理，管理者对人才不断提出高要求，最终脱胎换骨焕然一新的正是人才本人。

　　人人都对自己抱有较高的期待，人人都渴望更大的成功，这对企业无疑是非常有利的。那些被委以重任的员工在这种激励和鼓舞下，能够深刻地体会到管理层对他的信任和期望，能够感受

到自己晋升的可能，从而激发出强大的精神动力。

生命不止，奋斗不息。管理者面对安于现状的员工，不要急于责怪他们的不努力，而是要先反思自己，反思自己有没有为人才设置一个美好的"龙门"，有没有适当地鼓励和提供新的工作机会，这才是有格局的管理者应该看到的东西。

第七章
给沟通加点技术，
让团队更有黏度

　　有人的地方就离不开沟通，在团队当中，沟通更是非常重要的一环。良好的沟通能够提升团队的效率，而不良的沟通不仅会导致工作效率的下降，还会导致很多失误的出现。我们要在沟通上下功夫，保证团队内部良好的氛围，让团队又团结、又高效。

彼此对等的关系，是有效沟通的前提

集体组织具备其严密性和整体性，员工组成集体，岗位组成部门，都是企业运转必不可少的元素及环节。所以，要想推动企业的发展，就必须制造和谐而又稳定的企业文化和办公氛围。协调员工与管理者的关系、加强部门和岗位之间的联系，这样才能完成生产任务。

沟通是工作中管理者与员工彼此配合的渠道，有效的沟通，应该以相互信任为基础，打造彼此对等的关系。当管理者和员工相互信任，自然会给团队带来更强的凝聚力。相反，如果在一个企业当中没有和谐的沟通氛围，公司的一些基本决策是不能很好地传达下去的，同时公司下面的情况也就不能如实地向上层传递，公司内部的各个部门就会发生冲突，进而导致工作效率的降低。

美国惠普公司采用的管理方式叫作"走动式"管理，听其名字就很有企业的特色。这种创新的管理方式，不拘泥于传统管理方法，开辟创新的办公布局，只为了实现管理者跟员工能够更平等的、更畅通的对话。

走进惠普公司的办公室，就会发现大家全都在一个大厅里工作。在这间宽敞的办公室里面，部门之间也有风格。一

个个矮屏树立起来，让团队内部有其"隐蔽性"，但同时不会妨碍跟其他部门的沟通交流。

破除了那种小小的格子间，这种管理模式可以让部门管理者在自己的部门中随意地走来走去，不仅能时刻出现在员工的视野中，还能让员工与员工之间保持着亲密的合作关系。管理者可以及时了解员工的工作状态和进度，整个惠普公司的管理者及时了解每个员工的问题和看法，让员工感受到家庭的温暖，以此加强彼此间的信任和相互尊重。

开放式的办公室是一种象征，表明现代企业管理模式更加注重人与人之间的平等性，也增强了管理者和员工之间共同的大门，还可以毫无难度地了解下属的工作。身为管理者，千万不要设置他与下属之间的分隔和品种，那很容易让办公室人际关系彼此脱离，员工会因此而感受到不平等的气氛，影响交流的积极性，更容易陷入等级分明的误区中。

相互沟通带来了管理者和员工之间的相互了解，同时也带来了相互之间的合作。所以，沟通是一个目标明确、增强团队凝聚力的过程。良好、有效的沟通，是公司管理者对下属员工关怀的体现，也是尊重的直接表现方式。员工作为企业的一员，都渴望给公司提出自己的意见和看法，为公司的发展贡献自己的力量。但是如果公司组织内部等级森严，无法提供平等交流的平台，那就会打击员工的积极性，有可能会造成严重的误会。大家看过很多黑社会题材的电影，黑老大神秘不现身，底下的小头目只是跟着拼杀，丝毫没有沟通和对话的机会。最后的结局是内讧争斗而解散，或者是面对外面的麻烦，帮派内人心不齐，很容易就被击垮。

　　江江是一个文静内秀的女孩，她毕业后进入一家公司做文案策划，这是她热爱的工作，也做得十分认真。但是后来公司销售部人手不够，就把她调过去做销售工作。虽然她心里有点抵触，但是年轻人无所畏惧，还是想试一下再说。

　　她没有销售功底，也没有前辈指点，大家都特别忙。有时候她遇到困难或者产生关于销售的想法，想跟部门经理汇报一下。但是一想到经理的办公室门紧闭着，而经理又从来不到他们的办公室里来，所以只能搁置了自己的想法。一个星期后，江江没有半点销售业绩。部门例会的时候。部门经理很是生气，觉得江江就是一个废物，对企业没有一点儿的帮助。于是，她被无情地辞退了。

　　没过几年，这个经理与江江再次见面，是在一个行业内部展会上。经理还是部门经理，而江江经过这两年的打拼，已经跟前任领导平起平坐。经理很是想不通，当年那个销售和策划都没有做出成绩的女孩，怎么到了别的公司反而变成了发光的金子呢？

　　其实，江江主要是性格内向，当初做销售的时候，每每有顾客来，她说话都极其小声，细声细语地让顾客很不习惯，所以没有卖出一件商品。她当时想找领导说明这一情况，这种性格只适合在企业背后指导、出谋划策为企业想出优秀的方案。前任领导很是后悔，问江江当初为什么不对他说留下来，江江却说道："我需要的是一个平等的沟通氛围。"

经理始终把自己当成领导，不注重江江内心的真实想法，更从来没有主动倾听的举止。所以江江只能被动工作，也做不出什么成绩来。

中国有句俗言："种瓜得瓜，种豆得豆。"你用什么样的态度待人，别人也就会用同样的态度待你。一个人要是拥有一颗正直、真诚的心，可以从他的相貌、声音、说话语气等外在的表现展露出来，无形中让人觉得容易被人接受，沟通起来就更加顺畅。在和下属交流的时候，企业管理者要注重诚恳的态度。要想在公司员工之中形成一种平等、和谐的沟通氛围，企业管理者就不要将自己摆得高高在上，平等的氛围能激发员工的活力。

管理者不是高高在上的神，员工也不应该受到卑微不能表达的待遇，真正的优秀团队是要大家畅所欲言、群策群力才能做到的。

员工不爱沟通，那么你就主动

应聘者通过重重考验进入公司工作，不同岗位上有不同性格的人在努力，但是作为团队管理者，真的了解自己的员工吗？有些员工天生性格活泼，沟通对他们来说易如反掌，并不存在什么问题。但问题是，还有一部分员工性格内向、不善表达，尤其是在人多的场合里，他们更不轻易开口，只是一笑而过。员工不爱沟通，管理者该怎么办呢？

我们通常把那些不爱说话的员工称作"沉默寡言者"，这个大家都不陌生。管理者一度对这样的员工很头疼，因为他们不主动多说，能力自然也不外露，只能在岗位上完成自己的日常工作。并不是他们没有才能，而是他们对管理者无所适从，甚至产生不信任的感觉。所以，管理者不能主动解开"沉默寡言者"的心结，就会浪费他们的才华，更无法为团队做出应有的贡献。

时间一久，"沉默寡言者"坐在冷板凳上，难免产生怨言。交流不善造成的矛盾和冲突，不仅仅是影响团队氛围，还有可能带来严重的损失。员工不爱沟通，管理者不应该视而不见，而是应该主动打开对方的心门。也许只需要一两次的开解和深入谈话，"沉默寡言者"就会变成"金矿"，给公司带来惊喜。

管理层的存在，就是要从高层次对公司和员工负责。只有挖掘出员工的潜力，才是真正地充分利用人才。如果没有管理者的开发与沟通，那么"沉默寡言者"的才华就会被公司忽略，对他们本身也是一种遗憾。人尽其才的前提就是得到领导的赏识，可是如果他们不擅长表达，就应该被无视和抛弃吗？

沈红和周佳佳是一起来公司报道的，如今五年时间过去了，周佳佳已经得到公司领导的提拔，成了一个部门的主管，而沈红还是一个普通的员工。看着身边的老同事跳槽的跳槽、升职的升职，沈红心里特别不舒服。她知道自己的能力跟周佳佳相比并不差，只是她差在了一张嘴上。

周佳佳性格活泼，爱笑爱说，当年进入公司之后，她很快就得到了同事和领导们的注意。不管她做出了成绩，还是犯了点错误，领导都会及时察觉到，并跟她进行深入地沟通。就算她不是一块会发光的金子，她的能言善辩也替她挣来了一个好的前程。

再看看沈红，本来性格就谨小慎微，内敛不爱说话，亲朋好友还一再叮嘱她："做人要谦虚谨慎，做好自己的工作就好了，别在大家面前出风头，万一得罪人就不好了。"有了这样的意见在耳边，她的做事风格跟周佳佳截然不同。

部门会议上，大家一起讨论项目，你一言我一语，讨论得十分热烈。沈红坐在不起眼的角落，心里也有对这个项目的看法。但是每当大家问谁有想法时，她都不想当众说出来。最后部门主管问她有什么意见或者建议，她也是礼貌地摆摆手，说上一句"我没有什么意见，我听大家的"。公司会议上，大家要求每个人都说说对公司的看法和建议，别人都是长篇大论，讲出几条有价值的建议。而赵悦只是说几句客套话，就糊弄过去了。

时间长了，领导和同事都认为她是个能力一般的女孩，不管是工作还是表达，都没有什么特别强的能力。但因为她态度平和，人缘还不错，做起工作来认真勤恳。所以领导虽然不准备提拔她，但也不准备让她离职，只让她在部门中做一些基础性的工作。

眼看周佳佳升职加薪了，她有时候也会心里觉得委屈，但很快就安慰自己："是金子总会发光的，总有一天，领导可以看到我的才能并不比别人差。"但她的部门领导并不是个观察入微的人，也很少把心思放在跟员工沟通上面。

就这样，领导从来不找她谈工作和想法，沈红也从来没有主动谈过自己的心里话。她的电脑里存储的一个个关于企业和项目计划的文档，都躺在里面睡大觉，看不到天日。就这样，她带着不平的心情上班下班，对工作失去了兴趣，对未来失去了信心。同事看到她这个"沉默寡言者"心情不好，也从来不过来关心。沈红的职业生涯面临着巨大的考验。

我们都清楚员工沉默的后果，所以需要重视那些不愿意说话的沉默者。让他们主动张开嘴巴，积极地倾诉和汇报，这对管理者来说尤为重要。千万不要降低对沉默型员工的期望值，他们虽然话不多，但是能够在大局中保持冷静的头脑，一针见血地指出问题所在。他们很少置身办公室的是非之中，做起领导工作也容易得到支持。这样的人只是性格上需要管理者动点脑筋，并不是没有价值。

领导不主动开口，员工很难迈出第一步。如果因为不善沟通，员工就会带着情绪工作，跟领导和同事都产生龃龉，这种工作环境是不是让管理者很烦闷呢？

主动一点，打开"沉默寡言者"的心结，让他们的内心看见阳光，感受到温暖，让他们的智慧和能力完美呈现。

耐心倾听，也是一种难得的高明

倾听是一种本能，正如我们都想表达自己。一张嘴巴用来说话，两只耳朵用来倾听，这并不是一件难事。聪明的管理者对待下属，不要一味地"教育灌输"，应该是积极的倾听。放下领导的身架，放平管理者的心态，心平气和地投入到谈话中，瞬间就拉近了跟员工的距离。下属感受到管理者的尊重和支持，就能改变对管理者的印象和态度。

工作中我们见过许多滔滔不绝的管理者，也遇到过喋喋不休的员工，可是沟通效果并不好。只会说而不懂听的管理者，会让人特别反感。有能力的管理者，会主动掌握倾听的技巧，熟练掌握倾听的姿势、眼神和动作等。良好的倾听技巧，能做一个更善解人意的听众。热切而又表示尊重的倾听态度，能大大提高员工的自尊心和自信心。保持高水准的倾听能力，甚至能成为一个人的职业标签。

美国总统威尔逊身边围绕着许多人才，但是很少有人能真正得到总统的信赖和重用。面对那些侃侃而谈的政客，威尔逊无法产生信任感。可凡事都有例外，威尔逊对自己的副总统豪斯先生十分有好感。

豪斯这个人虽然政治才能不突出，但是他不像同行那般喜欢口若悬河，他是一个特别好的听众。每次威尔逊心烦意乱的时候，只要能跟豪斯谈谈，他就感觉自己能轻松许多。豪斯很少会插话，他总是在合适的时机点头回应，并用真诚的眼神表达他的专注。如此一来，总统就产生更强烈的倾诉欲望。

在众多的政客中，他成了威尔逊总统最信赖的人。

沟通是双向的，如果大家都争着说，对话难以为继。而团队中大家的沟通地位是平等的，管理者适当地沉默，能换来员工更自如地倾诉。

付一磊是一家杂志社的新员工，他从名牌大学新闻系毕业，文笔斐然。在学校就是叱咤风云的笔杆子，如今来到单位更是受到重用。工作的第一个星期，付一磊由一名经验丰富的老记者带着出去采访。这位同事是一个性格开朗的人，他反应机智，语言幽默。每次去采访别人，他都能调动起对方的情绪，对方一高兴，说得多了，采访素材自然也就多了。这么一来，付一磊更忐忑了："自己可不擅长聊天，应该怎么去采访啊？"

社会可不比学校，他在学校里的采访都是面对学生或老师，很少会产生心理压力。但是步入社会后，他要采访各行各业的人士，这让他压力倍增。当他独自出去采访时，并不是很顺利。他学着那位同事去提问，但是不擅长表达的他根本问不出特别有用的信息。尤其是他磕磕巴巴的表达，一副想活跃气氛的表现，让被采访者怀疑自己遇到了假记者。在这样的情况下，付一磊就算文笔再好，也写不出什么好文章来。

当他写完几篇稿子之后，主编就发现不对劲。他面试过这个小伙子，也看过他写的文章，可以说非常有深度，文采飞扬。但是如今再看他写的稿子，风格四不像，没有什么可读性，不像是他的真实水平。

于是，他把付一磊叫到办公室，打算问问原因。两个人坐下来，主编就问付一磊："你的文章我读了，能跟我说说是怎么回事吗？这可不是你的水平啊！"付一磊就一五一十地告诉了主编他的问题。

主编听完之后，笑了笑，然后跟他说："你是学新闻学的，肯定看过柴静的采访视频。她的采访具有强烈的感染力，但是她的话却不多。她只会在提出关键的几个问题后，就让对方说出自己的故事。有些人本来不想说那么多，但是看到柴静专注而又充满疑问的表情，自然就想解释清楚。在解释的过程中，柴静就得到了许多有用的信息。你也是一样。虽然你的表达能力并不是非常强，但是你可以发挥你的优势。刚才我一直在说，你一直在听，但是你在听的过程中，无论是表情还是动作，都能让我有说话的欲望。这一点你可以运用到你的采访中去。"

主编的话点醒了付一磊，他意识到自己的优势，也从之前的疑惑中走出来。并不是每个记者都必须用一样的办法去采访，他不一定需要能说会道，只要足够真诚，做一个善解人意的听众，也完全可以获得同样的效果。

高明的管理者，必然意识到倾听的力量，找到合适的时机，让员工一吐为快。缓解矛盾、贴合心灵、找到共鸣……有时候做一个擅长倾听的"树洞"，更受员工的信赖和欢迎。

员工有意见，不要拖着不办

金无足赤，人无完人。即便是一个人经过奋斗从基层员工成长为管理者，他也不会没有缺点。谦虚的人都明白，有些问题局外人才能看得清楚，因为古诗有云："不识庐山真面目，只缘身在此山中。"尊重员工的意见，才能看清自身的缺点。不要轻视员工的每一点意见，甚至是抱怨，那是提升领导力的源泉。

能够认识到意见的重要性，只是成功的第一步。聪明的管理者一定懂得成长和学习，杜绝唯我独尊的念头。术业有专攻、道义有精论，员工或许不懂把控全局，但他们能从自己的角度发现问题，提出宝贵的建议。那么此时，管理者就要正确对待员工的建议，虚心听取团队成员的提议，千万不能抛之脑后、置之不理。

正确的做法其实我们都懂，就是要用实践表明对员工意见的重视。既然明确了那些提议的重要性，自然不能拖着不办。如果员工的意见没有得到正确对待，久而久之，就会对管理者产生看法，甚至会从心底产生抵触，管理者就会发现自己慢慢失去了领导力和号召力。此外，管理者失去了一次次学习的好机会，这是

更加可惜的事情。

不管是公司创始人还是集体管理者，他们都有一个共同点，就是承认比尔·盖茨的成功。没错，他是世界首富，还是智商很高的天才，同时他还创办了举世闻名的微软公司。如此的成绩，世界上很少有人能够超越他的成就。许多人认为，像他这么强大的人，根本不用听取别人的意见，也不需要向别人学习，因为他已经把事情做到了令人仰望的高度，根本没有需要改进的地方。

我们臆测着他傲人的资本与做人的态度，殊不知，私底下的比尔·盖茨却不是一般的谦虚。作为一个企业巨匠，很少会有人主动给他提意见。如果你认为他会就此失去进步的机会，那就是你的天真了，没人给他提意见，他就会自己主动找问题。

比尔·盖茨的演讲大家都听过，内容充实有高度，演讲自信有风度。有人曾经细细地观察他的演讲时候的表现，只为找出成功演讲人的特点。他天生优秀，头脑聪明，不仅演讲动听，就连一个个辅助的小动作也堪称完美。这样的人是天生的成功人士，不管是工作还是生活，甚至常规性的演讲，他都表现得特别完美。

但是，这些都是我们的猜测和推断。比尔·盖茨是很优秀，但他并非天生完美。每次演讲之前他都要认真准备很久。秘书帮他写好演讲稿之后，他会认真地阅读并做批注，然后一次次地模拟演讲。到了演讲那天，演讲稿在他的脑子里已经倒背如流。

表现完美的比尔·盖茨还有一个法宝，就是借助别人的视角纠正自己的失误，让自己变得更加完美。每一次演讲，他都会让秘书坐在观众席里。演讲结束后，他会问秘书自己这场演讲哪里表现得好，哪里表现得不好，这些信息他都会细细得记录下来。然后自己会总结下一次演讲的时候要注意什么，有哪些需要改进的地方。得到反馈之后，他就会认真地对照，并一一改正，绝不拖延时间。

李开复曾在微软公司担任副总裁，他在微软公司工作期间，见识到比尔·盖茨的谦虚与进步，心生感慨。他甚至曾说："如果谁能够像比尔·盖茨那样厉害，就有骄傲的理由。"可事实上，像比尔·盖茨这样难得一见的天才，更明白自己还需要不间断地学习。

渴望成功的人，都希望自己做到精益求精。世界首富并不单单是有钱或者有才，而是他始终保持一颗寻求上进的心。依照常人的想法，他已经如此优秀，应该是无须再虚心学习了吧。恰恰相反，他学习的意愿远远超过我们的想象。他主动征求员工的意见，主动寻找自己与完美之间的差距，尽快完善自己的为人处世，尽管他已经是世人眼中的成功者。

管理者在企业里有什么学习途径呢？一是自身通过书籍知识库学习；二是通过重视员工们的意见改正自己的缺点。每个人都有优缺点，普通员工看问题的角度与管理者不同，所提出的意见通常具有很强的建设性。如果能鼓励员工提出意见，并重点研究和分析他们的意见，这样就能够促使自己提升技能。

管理者重视员工的意见，不仅利于自己的成长，还能加深彼

此的关系。很少有管理者肯在员工面前承认自己的不足，能做到重视员工的建议，就更不容易了。征求员工的意见，他们给出的答案都让人惊喜。通过这些意见，认识到他们的所长，自己的所短，更是一笔无形的财富。

批评要讲理性，指责只对事情

管理者面对自己的员工，既要学会夸赞又要学会批评，这叫管理的艺术。夸赞是很好掌握的，只要把握好度，别让员工骄傲起来，就能够轻松做到。相比之下，批评就很难了。员工犯了错，管理者忍不住想发火，但发火批评也有讲究：保持理性，对事不对人。

对事不对人的批评方式，是能够让员工坦然接受而不产生怨言的。管理者的火气和批评，都只是就事论事，而不是针对员工个人的品行。职场中最忌讳管理者借题发挥，那些恶语相向、借机重罚的行为，势必会伤害员工的自尊心。轻则心生不满，重则心生怨恨，对个人和公司的发展，都会产生不利影响。

三国时期的刘备、关羽和张飞，关系好到桃园结义成为异性三兄弟。后来刘备成为领导，两位弟弟屡次冲动犯错，他必须施加惩罚。但是不管是什么样的惩罚，三个人的感情都不会变化，就是因为刘备对事而不对人。

　　员工犯错是不可避免的，越是能干的人，可能犯错就会越多。但是管理者的批评，必须有针对性，有事说事、有理说理。事情能够得到完美解决，员工的积极性和上进心也不会因此受到打击。

　　良好的沟通，既能指出事情的问题所在，又能给员工面子。就事论事，不翻旧账，不牵涉别人。犯错属于偶然事件，也属于个人行为，所以批评要有针对性，不要因为个人失误而责难整个团队。翻旧账也是不可取的行为，指责升级，由事对人，就是这种关联性批评导致的。当员工犯错时，批评的重点应该是个人的行为问题，而不能上升到人格上的评价。盛怒之下，必会出言伤人，管理者也要学会控制自己的情绪，如果控制不住，就可能会出现严重的后果。

　　什么样的人能做管理者？什么样的人能带好队伍呢？宽广的心胸是必不可少的，学会包容员工的错误，才是理性批评的底线。员工犯错是因为工作，那就谈工作上的疏忽与得失，而不应上升到人格或者更严重的方面上去。同时我们也不能就此姑息，犯了错而不被批评，那么员工就不会吸取教训，更不会进步成长。

　　康迪是一家工厂的车间主任，他对生产流程非常熟悉，对设备运行状况更是精通。在他的管理下，车间运行井井有条，即便有几次小小的事故，也都被他们完美地解决了，不影响生产和销售。

　　但是工厂效益下滑，原材料涨价，公司的销售人员不停地去跑业务，增加客户的数量。不管是大活小活，还是急活慢活，他们都来者不拒。这就让车间面临新的挑战，康迪发现机器的稳定性越来越差，不知道什么时候就会出问题。

就在这个时候，销售部的负责人过来告诉他，刚谈成了一个大客户，又要增加一个新的订单。康迪一听头都大了，按照现在的状况，机器已经不堪重负，再增加工作量，有可能会产生崩溃的危险。但是他也知道，这个客户能给公司带来巨大的利润，不能拒绝。在销售负责人的要求下，康迪还是答应了。

工人加班加点地干，机器也是昼夜不停。没过几天，他最担心的事情发生了：机器出现故障了，影响了产品的质量。没办法，他身为负责人，必须有决断：紧急停工！就算他知道自己会因此摊上大事儿，也不能再耽误了。

果然，公司领导召开了紧急会议，专门针对这次事故。在会上，康迪头都不敢抬，满脸羞愧。领导在提到这次事故时，果然提到了他："康主任，你的工作职责是保证机器的稳定运转，现在出现问题，你应该好好反省反省自己的工作方法。"康迪红着脸直点头，他还是不敢看领导，因为他觉得这个心平气和的开头肯定是个引子，真正的狂风暴雨还在后面呢，他已经做好了被批得体无完肤的准备。

原本以为这句话是康迪"批斗会"的开始，但接下来领导的发言让所有人都很惊讶："虽然出了问题，但现在不是批评或者追究责任的时候，咱们时间很紧张，赶紧想想下一步怎么办吧。康迪，你这里有什么好的提议，现在说一下。"

康迪早就准备好了应对方案，并偷偷观察领导的脸色：他既没有黑着脸，也没有皱着眉，而是一脸平静地看着他，还时不时地点点头表示赞同。康迪说完之后，领导高度评价了他的方案建议，随后大家开始讨论最终方案。这让康迪松了一口气，但他还是非常惭愧，总觉得自己愧对领导的信任。

事情完美解决之后，领导把他叫到办公室，笑呵呵地对他说："好久没杀一盘了，咱们今天再来一次？"康迪看着领导的脸不解地问："您不怪我了？我的失职给公司造成了损失，是我的错误。"领导很奇怪地反问他："你还想着那件事呢？不都圆满解决了吗？我这个人一向是对事不对人，你应该知道啊。"

康迪此刻觉得非常庆幸，眼前这个领导，虽然平时话不多，但是他却能分得清是非，理性豁达有包容心。他的一番话让康迪非常感动，他决定在以后的工作中，还是要好好工作，更加努力。

世界上最可贵的是人心，管理者得人心则是得到了拥护和支持。员工犯错不可避免，但不可因为过度的批评，而将人一棍子打死。只要犯错的人接受教训，点到为止和理性对待，都是管理中的一剂良药。如此，企业和员工的关系会更加融合，管理者的担子也会轻松许多，剩下的事情，忠诚的下属都会搞定。

聪明人能把批评变成激励

在大家的刻板印象里，很少有人会喜欢被批评。想象一下：在众多同事面前，领导对自己大肆批评，把一点小错误上升到道德伦理的高度，滔滔不绝地批判声音不绝于耳……这样的场景，没有人愿意经受。但是聪明的管理者，明白批评的力量，也通晓批评的方式，也许会让员工爱上被"批评"的感觉。

有错不批评，是管理者的错，也是对职工的不负责任。但是怎样批评，既不伤害员工的自尊心，也不会激起他们的逆反心理，甚至能化批评为激励呢？这就要看管理者的水平了。批评也看分寸，也分高级和低级。有情商的管理者，他的批评看起来更像是鼓励："你怎么能犯这个错误呢，要知道你的水平远不止如此。""虽然你已经尽力了，但是在我看来，这还不够，根本没有体现出你的实力。""再不加把劲，今年的奖金可能跟你无缘喽。"……听到这种批评，员工一定能从中感受到激励和鞭策。

法国有一个的男孩在树林里玩耍的时候，不小心滑进了一条河流。他惊慌失措，大声呼喊"救命"，希望有人能听到他的声音，并把他救出去。也许是他太幸运了，真的有人听到了他的呼喊并来到了他的面前。只见那个人穿着打猎的衣服，手拿一把长枪，看起来像个士兵。小男孩喜出望外："救我，求求你了，我快要沉下去了，我快被淹死了。"

　　来的人不是别人，正是当时的法兰西皇帝拿破仑。他在闲暇之余，拿着枪前来狩猎，却没曾想听到了男孩的呼救声。拿破仑非常淡定地观察了一下当时的情况：河流不宽也不深，水流不急；男孩体力尚可，但看上去很害怕。男孩用渴望的眼神看着拿破仑，希望他伸出有力的胳膊，救他出来。

　　但是没想到拿破仑此刻端起了手中的长枪，对准了那个男孩，并且大声地说："你自己爬上来，爬不上来我现在就一枪毙了你！"小男孩儿惊呆了，他还没被淹死却要被这个怪叔叔打死？他愤怒地拼尽所有力气，又是爬又是游，居然很快就上岸了。不过他还是非常生气，他抹了一把脸上的水，生气地质问拿破仑："你不救我也就罢了，为何还想要开枪打死我！"

　　拿破仑哈哈一笑："我不这么说，你能爬上来吗？你这不是游得挺好的吗？为什么要靠别人来救呢？如果我跳下去救你，你可永远都不知道自己还可以这么厉害。以后记住了，再遇到这种情况，要自己救自己。"

　　真不愧是法国伟大的军事家，他对小男孩的所作所为，就像对待他的战士一样。在他的领导生涯中，他喜欢表扬士兵，但是他更喜欢通过高明的批评，让他们发现和利用自己的力量，而不是借助对别人的希望而生活。他用简单的两句话，给小男孩双重生存压力，同时激发了他的求生欲和勇气。这种逆向激励会给他留下深刻的印象，每次遇到困难时，他也会懂得什么叫作"求人

不如求己"。

　　有方法有尺度的批评，会帮助员工看清自己的不足。他们看到自己的缺点与进步的空间后，管理者施加的压力也能变成他们进步的动力，这样的能量转化显然对员工是有利的。即便他们在接受批评的时候会产生一丝的负面情绪，但能看到自己的成长，也会完全忘记当初的小情绪。

　　幼幼与小雅是模特界的翘楚，俩人经常一同参加比赛，奖项轮流拿。所以每当圈子里有比赛活动，两个人都会被视为年青成功模特的代表，去当评委或者特邀嘉宾。幼幼的性格活泼开朗，说话耿直；而小雅则是安静平和，懂得照顾别人的感受。

　　时间久了，幼幼接到的邀请越来越少，似乎被人遗忘了。而她的好朋友却越来越火，不仅成为受欢迎的评委，还是很多活动的压轴表演嘉宾。

　　幼幼不明白，她找到小雅问道："真是奇怪了，早几年咱俩一起出席活动都是一样的待遇，现在可倒好，你成了红人，我却被淘汰了，你说说这是为什么？"小雅笑了笑："我觉得这可能跟咱俩发表意见的方式有关吧，你擅长表扬，我喜欢批评，他们听赞美听得多了，自然想找找被批评的感觉，这样才有进步的空间。"

　　幼幼很奇怪："你批评他们，他们都不会生气吗？"

　　小雅摇摇头："我的批评，其实就是一种鞭策和激励。虽然我是指出其中的缺点，但是我会把握好尺度，不会打击到他们的积极性，反而能刺激他们更进一步。"幼幼听后若有所思："原来是这样，看来我也要学学如何批评了。"

　　有智慧和胸怀的管理者，即便是批评人，也会特别讲究方法。批评和激励并不分家，好的批评甚至比赞美更有激励效果。告别严肃的训斥，学会高明的批评方法，大家才会更拥护团队和管理者。

第八章
如果赏罚搞不清，
还奢望令出必行？

　　制度是一个团队能否正常运行的基础，而奖惩则是保证制度能够正常运行的必要条件。

　　如果团队没有合理的奖惩制度，那么为团队创造利益的苦活、累活谁去干？如果没有合理的奖惩制度，那些容易犯错或能力不足的人，很难保证下一次不出现同样的问题，不搞砸同样的事情。

"鸡汤"可以有，物质激励同样不能丢

人生在世，既需要精神的支撑也需要物质的维持。员工工作的目的是养家糊口，有了工资和奖励，员工才能有动力和积极性。这听起来很俗，但对员工来说，能看得到的物质奖励才是实实在在的激励。这种激励方式是非常有效的手段，管理者可以得到员工的拥护，企业可以得到员工的成绩。这种你情我愿的"交易"，是员工最喜欢的交换方式。没有看得见、摸得到的利益，再激情的豪言壮志，说出来都会大打折扣。

每个人工作都是要有所回报的，"无利不起早"虽然不好听，却是我们生活和工作的客观描述，也是我们普通人最真实的心态。大家出来打拼，就是为了通过自己的劳动换来收入，维持一大家子的生活。

所以，我们明白了物质对于员工的重要性，就要认真思考除了工资之外，还需要通过物质激励来刺激员工。管理者一边用"鸡汤"温暖下属的心灵，一边不能丢掉物质方面的奖励，两者完美结合，才能打造既忠诚又拼命的员工。

有个老板比较吝啬，表扬员工时毫不小气，但那只限于口头上的表扬，却没有实际的鼓励。就像奖状上写的"特此表扬，以资鼓励"，奖状发下去了，"资"在哪里呢？

这样的管理方式，很难培养拼命做事的员工。如果能适当地使用物质刺激，其实不用说太多鼓舞士气的话，在利益的驱动下就能轻松激励员工。

"香饵之下，必有悬鱼；重赏之下，必有死士。"古人早就意识到了物质的重要作用，而项羽却因为过于吝啬的管理方式失败了。

项羽和刘邦是一对宿敌，两个人为了争霸三国，争斗了一辈子，最终以项羽的江边自刎而结束。有人说项羽的失败是一个偶然，如果能够做好军事谋略，也许就不会有这样的下场；也有人说他只注重口头激励，却忘记了战士们最起码的生存需求。

项羽身边有个谋士叫陈平，他擅长出谋划策，也了解自己的领导是什么样的人。他一路跟随项羽，发现他这个人有很大的缺陷：表面看起来大方爽朗，实际上感性而又吝啬。这一点是他不得人心，也让他痛失了很多人才的原因。

项羽身形魁梧，乍看上去给人震慑感，但他的所作所为绝非大男子汉的担当。当他看到士兵受伤的悲惨景象，他会哭得稀里哗啦。被关怀的士兵认为自己的将军特别善良，能在他手下工作是一种幸福。

但是没多久，很多战士都对他特别失望，因为他真的太吝啬了。按照当时的规矩，士兵打了胜仗，属于死里逃生，理应好好嘉奖一番。除了升军衔外，也要给予相应的物质奖励。这是对战士最实际的安慰和奖励，也是能鼓舞士气、收买人心的好方法。

但是项羽却做不到，他既不给战士官位，也不给他们增加一点点的薪水，谁还看不出他的吝啬呢？如此一来，将士们的心里都非常反感。他看到士兵流血受伤还是会哭，但是却很少有人会被他的行为感动。他的名声也从柔情善良变成了薄情寡义。

陈平因此果断离开了项羽，转投到刘邦部下，在那里，他感受到了不一样的领导风格。刘邦赏罚分明，毫不吝啬，整个团队讲究抱团，战斗力自然高上许多；而项羽率领的部队对将军的期待变得很低，战斗力极速下降，乌江自刎，成为一代豪杰项羽的最终选择。

职场如战场，谈升职加薪一点都不俗气，反而是最有效果的激励方式。人人都依赖物质生存，人人都希望通过更多的付出换取更多的物质。如果管理者不能让员工体会到实际的好处，那就只能接受员工的懈怠混日子，或者在公司最需要他的时候他却选择了离开。

公司的管理制度中包括严谨的奖励制度和晋升制度，不应该成为文件夹里的摆设。能让员工自然遵守规矩并贡献力量的，就是看起来很俗气的物质奖励。身为公司管理者，要想办法激励员工创造更多的价值，就要设置立竿见影的物质奖励标准。

于文豪是一个特别拼命的销售人员，被同事称作"拼命三郎"。但是最近他要跳槽了，因为现在这家公司，基本工资低，提成更是少得可怜，让他没有继续拼下去的动力。打听了业内几个同行公司，他决定跳槽去另一家公司做销售。毕竟一家老小都要靠他养活，为了更高的薪水，他毫不犹豫地调到这家公司去。

几天之后，于文豪到另一家公司当了销售员。销售员的工资包括两部分：底薪+提成，所以卖得多就赚得多。于文豪第一个月的收入就颇为丰厚，第二个月业绩遥遥领先，第三个月就稳坐销售冠军。看着工资卡上的数字，于文豪非常满意现在这份工作。这工资就比他之前的那家公司高很多了，他特别庆幸自己果断跳槽，如今工作起来也很有动力。

没多久就要过年了，公司按照惯例要召开年会，并在年会中颁发销售精英奖。于文豪对此并不感冒，按照他以往的工作经验，表彰大会顶多是发个奖状或者证书，发个生活用品，大家一起吃吃喝喝，就可以了。更何况他是新来的员工，这样的机会应该也不会轮到他的头上。

就当他埋头吃喝的时候，耳边却听到了他的名字，这让他大吃一惊！他站起身来，在大家的掌声中晕乎乎地走向了领奖台，与其他两位领奖者站在一起。眼看公司领导过来颁奖，亲切地握手之后，给他颁发了一个证书，还有，一个大大的红包！于文豪暗暗地摸了一下红包，感觉人民币张数应该挺多的。

于文豪看着这笔丰厚的奖金，心想：果然没来错地方，值得好好干下去！之后的他工作起来更加起劲儿，为公司带来更多的销量。

"鸡汤"说得多了，员工会产生"免疫力"，甚至会充耳不闻。但没人会拒绝物质奖励带来的快乐。管理者可以一边鼓励一边奖励，充分利用人才的价值，让员工心甘情愿地付出，让企业感受到员工的光和热。

对员工许的诺，别当没说过

公司喜欢努力和创新的员工，那么员工又喜欢什么样的公司呢？诚信是企业长久发展的根基，也是员工能够信任领导的重要指标。我们常说：君子一言驷马难追。说过的话必须要兑现，才能得到对方的信任。做人是如此，做事也是如此。

管理者要适当许下一些承诺，激励员工为未来打拼，描绘一幅关于公司的宏伟蓝图。但是既然说得出来，就要努力兑现；如果兑现不了，那就想想再说。"空头支票"只能让员工得到短暂的鼓励和欢喜，但是真的到了该兑现的日子，管理者的任何解释都是无力的。员工的内心受到冲击，必然影响管理者的公信力。

战国时期秦孝公即位后，招徕名门谋士，为他的改革之行助一臂之力。当时商鞅的改革理念得到了秦孝公的支持，因为他们决定在全国范围内进行改革。可是人们的思想观念保守，对新法十分抗拒，如何保证他们的变法能得到天下人

的支持呢？

商鞅特别聪明，他想了个办法来消除人们的疑虑。他让手下人找到了一根木头，并将其设立在京城的南门口。围观的人越来越多，百姓纷纷议论那根木头的作用，却并没有人来解释。商鞅看到聚集的人足够多的时候，他对围观的群众大声宣布："谁能把这跟木头，从南门搬到北门，当场赏银50两！"

此话一出，群众之中响起了一片惊叹之声：50两！没错，这对当时的百姓来说可不是个小数目，有的家庭一年也攒不下这么多银子。虽然有不少人心动，但大家都很迟疑。有人说这是个陷阱，就是不知道陷阱是什么；也有人说，商鞅脑筋有问题；还有人认为这只是个糊弄人的把戏，就算扛过去也不会得到兑现。

可就在众人家犹豫不决的时候，围观的人中站出来一人，只见他扛起木头，从南门一直走到北门。谁知商鞅当场兑现，赏给了那人50两银子。大家这才相信，商鞅做事情不是说着玩的。

通过这件事，商鞅在群众中很快树立了威信，他说到做到的事迹也成为美谈。这样一来，人们就愿意遵守他推行的法律，新法得以顺利实行。后来的秦国因为商鞅变法而变得实力雄厚，最终统一六国。

"以信待人，不信思信；不信待人，信思不信。"诚信的重要性大家都懂，却依然有管理者喜欢用"忽悠"的方式对待员工，结果双方只能不欢而散。有的管理者为了笼络和激励员工，就会不假思索地给员工许诺："若能超额完成任务，大家月底能拿到40％的分红。""只要你们努力，我们公司很快就可以上市了，到时候人人是股东。"……而后却往往办不到。如此，很容易就在员工的心目中留下一个"不守信用"的烙印。长此以往，除非员工智商有问题，否则没人愿意在这样的管理者手下效力了。

但是有些管理者会觉得很为难，因为他们想预支员工的战斗力，所以才画了一张大饼。如果目标能实现，那么自然是皆大欢喜，他们愿意兑现承诺。但如果做不到，自己的事业都面临危险，又怎么可能实现当初的诺言呢。

这的确是个值得研究和谈论的问题，言必行、行必果是对管理者的要求，管理者也意识到了开"空头支票"的危害。但是究竟怎样不在承诺和信任上面犯错，还需要我们慎重地考虑考虑。

员工与管理者共命运，大家都希望公司发展得顺顺利利、红红火火。身为管理者要看得更加清晰、谋划更远的未来。不要盲目乐观，更不要凭想象为员工描绘未来。做好时间节点明确的规划，稳扎稳打一步步地迈进。当取得成绩之后，也要靠数据说话，再解释奖励的来源和分配依据。这样就能从源头上杜绝"放空炮"行为。

一个聪明的管理者，如果不能肯定自己能够实现就千万不要承诺，一旦承诺了就要保证它不折不扣地兑现。如果真的发生了棘手问题而不能兑现承诺，也要马上开诚布公地与下属重新进行商洽。如果下属知道你通常都能够恪守承诺，偶尔一次因某种原因而无法兑现，你又和他们进行了坦诚的协商，那么他们会依然相信你是个值得信赖的管理者。

有的管理者比较冲动，脑子一热，就满嘴"跑火车"，给下属这样那样的许诺。岂不知，这种未经深思熟虑而做出的承诺，兑现的可能性实际并不是很大。

如果管理者确定公司确实能够实现目标盈利，接下来还是不能"拍脑袋"决定问题，因为分配利益也是一门学问。俗话说"众口难调"，怎么分配能让各类下属都对自己的做法认可，令大家都感到满意？所以说，管理者还是需要掌握一些利益分配方面的小窍门的。

只会喊口号的管理者，无法兑现自己的"大方"，最终只能成为员工看不起的对象。为员工画蓝图没有错，但要让他们看到可实现的利益，并带领大家为之奋斗。只有保证每位付出的员工都能得到他们曾经被许下的好处，才能保证他们的积极与奋进的陪伴、

不花钱的激励法，你试过吗？

企业管理者认为，领导对员工的激励不应该是一种交易，也不是相互对峙的博弈。员工需要工资满足生活，需要奖金肯定自己的付出，但是花钱买不到员工长期的积极性。所以，花钱的激励法人人都懂，但是不花钱的激励法，你试过吗？

培养人才是一个长期的过程，谁也不想自己辛苦培养的人

才，突然跳槽到对手公司，因为这会带来一笔巨大的损失。所以，我们需要均衡金钱激励与非金钱激励，既要稳固金钱激励的基础性，又要适当运用不花钱的激励。

"霍桑实验"结果表明："工作的物质环境和福利的好坏，与工人的生产效率并没有明显的因果关系，相反，职工的心理因素和社会因素对生产积极性的影响很大。换句话说，工人不是'经济人'存在，而是'社会人'，要调动其积极性，还必须从社会、心理方面去努力。"如果公司只注重金钱的推动作用，却不重视员工在工作中的地位和存在价值，甚至不能合理设置他们的工作标准，那么员工会产生精神空虚感，缺乏个人成就感，甚至对自己的所从事的工作失去兴趣。

认识狭隘的管理者，始终相信"有钱能使鬼推磨"。他们认为只要钱到位，人就会归位，不会产生跳槽的想法。但事实证明，很多企业里的顶梁柱，拿着不菲的工资奖金，还是选择了离开。为了激励下属，留住人才，他们频繁使用加薪这个撒手锏。但是，我们依然可以看到，很多优秀的人才并没有因为升职加薪而继续留在原单位，而是选择了跳槽。

　　肖强最近被外派了，本来在公司总部工作的他，被指派到异地做销售经理的助手。知情者当面祝贺他，因为外派意味着锻炼他的能力，等到一定时机就会把他调回来升职加薪。他信心百倍地来到了分公司，希望能配合新的领导做出更好的成绩。

　　是金子在哪里都会发光，可是肖强到新公司任职几个月后，发现自己越来越不适应。虽然外派后他的工资已经涨了一级，补贴也多了不少，但是他并不高兴。

原来，他的新任领导是个心思细腻的人。他看到总公司派来这么一个年轻没有经验的人，就开始不放心他的工作。由于经理担心肖强做不好工作，所以他总是安排一些很简单的工作让肖强做。肖强工作时，他也经常干预。肖强的工作能力和自尊心都很强，他习惯独立思考问题和解决问题，在总公司时就取得过出色的业绩，也正因为如此，他能在总公司脱颖而出，被派到分公司协助销售经理工作。然而，到了这个新岗位，领导却当他是销售菜鸟，事事不放心。

面对这种不信任和频繁干涉，肖强非常不满，尽管他拿着高薪水，但他一点也没有工作的心思，满脑子想的都是辞职的事情。想想肖强之前的那个领导，虽然并没有向他许诺更高的薪水，但是他总是在适当的时候拍拍肖强的肩膀，鼓励他的工作；也会在肖强取得成绩的时候，开心得哈哈大笑；他对肖强的邮件都特别重视并及时回复……这些都是促使肖强成长的动力。

看来，这个分公司经理的管理方式是失败的。他没能做好激励下属的工作。职场中，很多管理者都会像肖强的领导一样，觉得激励员工就要实惠一点，除了升职就是加薪，但仅靠金钱并不一定能有效激励员工。金钱所起到的激励作用没有长久性，额外得来的金钱可能会很快被员工花掉，并快速地被遗忘。这与管理者所希望的长期性，永久性恰恰相反。

　　每个人都不会对金钱熟视无睹，金钱的确是激励员工的因素，一个稳固的报酬计划对吸引、留住员工会起到一些作用，但是，金钱并不是唯一有效的激励办法，而且很多时候，它不会起到积极的正面作用。因为下属并不总是在为金钱而工作。许多管理者都会有这样的经验，一句简单的问候，一个真诚的笑脸，一个拍肩的动作，都会让下属心花怒放，更愿意服从管理。这就是非金钱激励的作用。

　　老托马斯·沃森创立了IBM的前身公司，他的儿子小托马斯·沃森回忆时，说道："父亲的管理哲学要远比员工们在过去所习惯的具有更多的人性化色彩。父亲特别注意做到不解雇任何人。他告诉员工们他会一如既往地依靠他们，而他的工作将是锻炼他们成长。他懂得赢取员工忠诚的方式是尊重和强化他们的自尊。多年以后，当我加入IBM，公司便以丰厚的薪酬福利和员工对我父亲极大的忠诚而著称于世。但是回首创业之初，几乎是白手起家，父亲是通过他的言语激励员工，从而获得他们的忠心。"

　　对下属多一点理解，对他们多一些鼓励，跟员工多一些互动……这些富有人情味的点滴举措，都能达到激励的终极目的，让管理工作更加顺畅。人的精神与情感方面得到满足之后，即使不用升职加薪，也能留住员工。这种没有成本的管理方法，可以因人而异，创新更多的方法，有没有信心来试试呢？

当业绩挂上奖金，员工满血复活

长时间的常规性工作，会让员工失去新鲜感，从而对工作失去动力。这时候，如果能适当在公众场合进行赞扬和奖励，赞美的效果会变得更好。私下奖励的效果相对较弱，公开表扬取得成绩的员工，能让他们内心再次燃起熊熊的"战火"。

企业里的每位员工都是愿意脱颖而出的，管理者当众对员工进行表扬正是让他们"突出"，让他们意识到领导对他们的肯定和赞赏，进而进一步激发员工渴求成功的欲望。当受人崇拜的领导在公共场合或者人群，公开表达对某些员工的认可，那些员工就会被所有人关注和赞美。

这种夸奖的方法，能让当事人满血复活，呈现出前所未有的战斗力。同时，这对其他同事也是一种刺激。他们会因此暗暗憋着一股劲儿，向被表扬的人看齐，你追我赶争当先进。这样最大的受益者是谁呢？企业！

宋倩在销售行业多年，她懂得如何激发员工的潜力。这是一种关于表扬的智慧，她很乐意在工作中使用这种方法。当她看到某些员工做出了杰出的工作，她就会很兴奋，她会冲进大厅将这一消息公之于众，让所有的其他员工都看到这个人的成绩。

但是，她的这种做法遭到了公司经理的质疑："虽然做业务是需要热情和冲劲儿的，但是我想这种精神最好是面对客户的时候。在公司大厅公告某一员工的工作成就，我觉得这显得有些不够理智。难道私下里表扬不是更好吗？这样员工也会不好意思吧。"

宋倩坚持自己的做法："员工做出了业绩，这是一个人的骄傲，并不会不好意思。现在我们只是把他们的业绩跟赞美挂钩，就已经有很好的激励效果。如果下一次，把业绩和奖金挂钩，那么员工的积极性会更高。如果您不相信，不如给我几个月的时间，到时候您业绩说话。"

两个月后，宋倩所在的部门，销售量翻倍，大家的热情也十分高涨。此时，宋倩去跟经理申请了一笔奖金，经理马上爽快地批了。他不再质疑宋倩当众鼓励的管理方法，并且决定要把这种赞美方式在全公司推广。

对工作优秀，有突出成绩的员工给予公开表扬，无疑是管理者驾驭和控制员工的有效方法。除了像宋倩这样随时现场表扬之外，管理者还应该以定时的表彰大会、庆祝会对工作优秀，有突出成绩的员工给予定时或及时的赞赏，鼓舞员工士气。不过，不必太隆重，只要及时让员工知道他们工作得相当出色就可以了。

其实工作就像是玩游戏，如果员工老是玩一个没有任何奖励的游戏，那么他很快就失去了兴趣。但是如果这个游戏搞积分，靠积分再做排名，并且会通过一定的方式向玩家公开胜负信息，还会给予赢家诱人的奖励。那么谁不喜欢玩这样的游戏呢？

对于一些十分突出的好人好事，或带有良好方向性的行为，或者过去在群众中有不好影响而现在确有转变的人，管理者是最适宜采用当众表扬方法的，常常能收到鼓励先进、鞭策众人的效果。

但是当众奖励是有技巧和要求的，因为当众表扬某一位员工的成绩和优点，可能引起其他人的不满，不仅对被表扬的员工造成坏的影响，还会损害管理者的威信和形象，激化企业的内部矛盾，所以当众表扬员工时一定要注意方法。

当众表扬和发放奖励，都要做到有根有据。在很多双眼睛的围观下，当众表扬要明确员工取得的成就及意义，这才能让大家信服。有理有据，铁证如山，大家才能自觉效仿，才能真正起到教育和激励的作用。

为了保证团体的凝聚力，当众表扬就只针对表扬一件事，千万不要厚此薄彼，一边夸赞个人的成就，一边贬低其他员工。这样褒此贬彼的表扬，将会严重地损伤众人的自尊心和管理者的亲和力，不仅收不到预期的激励效果，相反却会酿成管理者与员工、被表扬的下级与未被表扬的众人之间不应有的疏离，甚至敌对，企业整体的凝聚力就被破坏了。

不管做什么事情，都要讲求把握分寸，适可而止。尤其是要控制其他人的嫉妒心理。称赞越多、越重，其他员工产生妒忌心理的可能就越大，如此原本的激励之效就被消减了。

韩非子作为特使被派到秦国，秦皇十分高兴，因为他听说韩非子是个人才，就想说服他做自己的辅臣，以便协助自己完成统一大业。当他在众大臣面前召见了韩非子之后，就开始了他的真心赞美。

秦始皇见《孤愤》《五蠹》之书，曰："公子真知灼见，旷世未有。""嗟呼，寡人得见此人与之游，死不恨矣！"所谓人生得一知己足矣，秦始皇将韩非引为知己，但韩非却说"陛下非欲诚笃自见"，就沉默不语了。秦始皇很觉遗憾，于是又问李斯、姚贾等，说："韩非才深学博，寡人览其书，知其人泱泱风范，深明举国之理，治民之法。寡人赏其才，不知卿等意为如何？"

李斯、姚贾等人见秦始皇如此赞赏韩非，心里嫉妒得要死，担心日后秦始皇会重用韩非进而威胁到自身的地位，于是群起攻击韩非，最后逼其自杀，结果秦始皇痛失良才，原本的辅佐计划落空。

当众称赞一位员工让其他人产生一点嫉妒和羡慕是正常的，控制员工的嫉妒心理并不是说杜绝产生，关键在于管理者能切实把握好、引导好，把这种嫉妒心理朝着有利于工作和团结的方向引导。

坚持机会公平是赞扬的前提，聪明的管理者要格外注重坚守这一原则。表扬要把握对事不对人的原则，谁有了成就、符合要求、达到标准都要当众表扬，而不能此一时彼一时，忽冷忽热，专门偏向某个人或某几个人。只有这样，表扬才能发挥它应该有的功能，领导才算真正掌握了业绩与奖励、奖金挂钩的真谛。

对付顽固刺头，不妨杀鸡儆猴

大家都听说过"杀鸡儆猴"的故事，主人为了让猴子老实安分守规矩，在猴子的面前杀了一只鸡震慑它，效果非常不错。有人认为这种惩罚方式与现在提倡的人性化管理相悖，他们认为所谓人性化就是不做任何惩罚，才算得上是人性化。

但是人性化管理虽然以人为本，但本质还是要落到管理两个字上去，才算是对员工和公司负责。要想让管理者言辞温和、行事风格人性化，那么员工就不能过分挑战管理者的底线。纵容员工屡屡犯错放任不管，面对顽固的刺儿头选择大事化小、小事化了，这才是对大多数员工的不人性化。

想要有效地运用权力，首先要树立自己的领导威严，这也是管理者顺利开展工作的重要立足点。除了自身要具备更强的业务能力和更高的职业素质外，还要掌握运用权力驾驭下属的方法，只有这样，才能令下属信服，才能维护一个集体的团结与和谐。

所谓刺儿头，就是那些在职场上不守规还喜欢无理取闹、哗众取宠的人。当那些人为数众多的时候，管理者决不能因为"法不责众"而对他们姑息迁就。而是应该利用自己的权利，杀鸡儆猴，铲除典型，从而使职场纪律更加严肃和规范。

张正所在的公司实行薪资保密制度，员工之间不可以相互打听薪水，这是一条非常严明的纪律。有一天，张正来到车间检查生产工作，却发现工人们没有投入工作，都在岗位上闲聊。他非常生气，找来小组长来询问详情。不问还好，一问清楚之后，张正被震惊了：这些工人之所以不干活，是因为他们正在闹罢工。

要知道，张正是刚被提拔上来做生产部长的，他准备了好多计划，还没开始实施，却遇上了"百年不遇"的工人罢工事件，这让他想都不敢想。

罢工自然是有严重的理由的，张正找了几个代表现场开了个会，终于问清楚了事情发展成这样的缘由。公司在工人们发工资的当天晚上，办了一次文艺晚会。新老员工们聚在一起联欢，相互之间一打听才知道，新员工们的工资竟然还没有早到公司两三年的老员工工资的一半多。新员工们自然是觉得不平衡的，于是有些人就开始带头鼓动生产部其他工人罢工。

张正搞清楚整件事情之后，开始理清思路，着手准备事情的处理方案。首先，他花了几个小时苦口婆心的劝说员工们回到岗位恢复生产，但是却没有效果。工人们说，不给说法，就不上工。

这个方法失败之后，张正对眼前的情形进行了如下分析：公司的薪资水平在市场上是很有竞争力的。工人们每月能拿到的工资已经是非常高的了，公司的新员工每月工资虽然比老员工少得多，但相比其他企业却要高出很多。鉴于公司在薪资上的优势，张正相信，一定有很多人不愿意失去这份待遇优渥的工作。

于是他不再劝说讨好员工，而是言辞严厉地对罢工的工人们说："公司不会给任何一个参与罢工的工人加薪，如果大家在限期内不回到岗位的话，就视为自动放弃这份工作，公司将予以开除。"

事情的发展正如他所预料的那样，绝大多数员工都回到了自己的工作岗位上，不再提工资差异的事情，也不再抱怨待遇差距。但是最初带头闹事的4名员工还一意孤行地要求加薪。张正雷厉风行地立即开除了他们，这一举动立马就震住了那些还期望加薪的观望分子，再也没人敢来挑战张正的威严了。

本来一场棘手的罢工事件就这样顺利地解决了，也奠定了张正的领导基础。对此，张正的总结是这样的："对待刺儿头，有人选择忍让，尽量不撕破脸。但是我认为，他们制造了这一次的罢工，就还会有下一次。所以，我更愿意用杀鸡儆猴的方式，开除几个人，换得以后的和谐。"

在现今的职场中，作为管理者，对待员工保持一种宽容的态度是理所应当的。但是，宽容不是毫无原则的姑息迁就，对于员工的不良行为，要及时地发现、处理，对待那些自由散漫、工作懈怠的员工也要予以批评或处罚。但是，处罚也要讲求原则和技巧，不能随心所欲的处罚员工，无论是批评教育还是辞退，都要认真考虑，谨慎对待。

一个人挑战公司规章制度，是很容易处理的。但是一群人闹事，那就要对犯错较严重或带头犯错的害群之马予以严惩，对情节较轻的跟风者网开一面。这样既维护了团队的稳定，又起到了以儆效尤的作用，而且避免了"法不责众"造成的管理不力。管理者善用杀鸡儆猴的方法，并非狠心冷酷无情。相反，他们靠此举保护了团队，解决了众怒和众犯带来的危机。

管理者也不愿意做那个杀鸡儆猴的人，但是如果不这样做，后续的发展会更麻烦，只能牺牲一部分人来震慑顽固不化的人。管理者并不想与谁为敌，他们也不愿意挥舞手中的宝剑，但是遇到难以处理的局面，果断的抉择显得重要而急迫。严肃严厉地处罚那些犯错的员工，树立自己管理者的威严，反而比怀柔亲善更能俘获人心。所以，不用害怕被记恨或者埋怨，总有一天，员工会懂得管理者的良苦用心。

给人留一线，他带忠心来见

人生在世，难免会犯错。团队中有见贤思齐的员工，也有偶尔犯错的下属。优秀的管理者必然会宽容以对，而大发怒火的管理者注定会平庸。拥有博大胸怀的管理者，会从实际情况出发，原谅犯错的下属，并给出新的机会让他们改过自新。

管理者如果能适度原谅下属，激励他们改正，那么员工会因此珍惜悔过自新的机会，从此心怀感激地跟随领导，无怨无悔。相反，有的管理者喜欢惩罚下属，认为这样才能让他们吸取教训。但是，有时候仅仅是惩罚不仅解决不了问题，还会让问题变得更加严重。倒不如宽容以对，趁机收拢人心，这才是高级的管

理。

惩罚没有震慑力吗？我们只能说，惩罚会让人感到畏惧，但并不会因此就服气。惩罚只是低级的管理方式，有时候非但起不到以儆效尤的作用，还会给管理带来很多的难题。

某超市的一名员工，因为在上班时间吃了超市一个价值一元钱的鸡蛋，就被超市开除了，另外还被罚款1000元。超市的员工都知道了这件事，对管理者的做法表示不满。后来，每当大家犯了一点小错的时候，都相互帮忙瞒着管理者。员工如此抱团，管理者即便发现问题也很难找到证据进行处理，新政策也很难推行。

偷吃一块钱一个的鸡蛋是错误，但是这样的惩罚会不会太过严厉了点？有必要做出如此大的惩罚吗？人非圣贤，孰能无过？可能在超市看来，今天敢偷鸡蛋，明天不知道还会偷些什么。开除、罚款只是为了杀鸡儆猴。的确，这其中并非没有道理。但是，如果超市能够做到宽容对待这件事，那么，偷吃者在感到羞愧之外，更多的必将是感激和反省。

只有宽容下属无意犯下的错误，才可以达到解决问题的真正目的。给予下属宽容的态度，不但可以让下属的心灵得到安慰，更为重要的就是可以让下属从中吸取教训；如果只是一味地加以训斥和惩罚，反而会让下属感到恐惧，甚至还会产生抗拒逆反的心理。

爱迪生为了发明电灯泡，建立了一个实验室，并找了几个助手。他们几个在实验室里连续工作了将近24个小时，终于制作出一个成型的电灯泡。爱迪生让年轻的助手把这个灯泡拿到另外一个实验室里去，并叮嘱他要小心一点。

这个助手小心翼翼，却不想绊倒在了楼梯上，灯泡"砰"的一声摔碎了。大家闻声赶来，发现他们24小时的心血被摔碎了，都纷纷指责这个小助手。这时候，爱迪生走了过来，并看了看破碎的灯泡，并没有责骂小助手，而是让大家散开，回到各自的岗位上去。

没过几天，爱迪生和他的助手们又花了24个小时制作出了一个电灯泡。制作出来以后，爱迪生不假思索地把它交给之前把灯泡摔坏的那名小助手手中，让他仍然送到楼上的实验室里。这一次，小助手成功地完成了爱迪生交给他的任务。

团队中有人表示不理解："他都摔碎过一次灯泡了，你也原谅他了，但是你哪里来的勇气又让他送灯泡呢？万一他跟上一次一样，再摔碎了怎么办？"

爱迪生笑了笑说："每个人都有犯错的时候，我们要给他改正的机会。上一次他摔碎了，肯定非常自责。我不用再去批评他，他也会吸取教训的。所以，我相信这一次他一定能够把灯泡安全地送过去。"

宽容和安慰下属犯下的过错，是拉近彼此距离最有效的办法，可以赢得下属的尊敬和拥护。宽容，不仅可以有效地调动下属的积极性，挖掘他们的潜能，同时还可以增强团队的凝聚力。

　　春秋时期，楚国大乱，楚庄王手下将士合力平复战乱，最终恢复统治秩序。楚庄王十分感激，决定设宴款待英勇善战的战士。参加宴会的除了楚庄王，还有美艳无比的许姬，她的美让很多人怦然心动，其中就包括来参加宴会的唐狡。

　　宴会进行到一半的时候，忽然刮起了一场大风，吹灭了所有的蜡烛。这个时候，许姬突然感到在黑暗中有人拉扯她的衣服，于是就一把将那个人头盔上的璎珞给扯了下来，然后对楚庄王说："大王，刚刚有人想趁乱非礼臣妾，我拔下了他头盔上的璎珞，等重新点亮蜡烛就知道是谁了。"

　　可是楚庄王听后沉思了几秒对她说："可能，是哪一位将士喝多了，酒后失礼一时冲动，我们就大度一些，别追究了。今天是庆功会，不要因为这件事扫兴。你也不要想太多了。"随后他大声地告诉大家："今天晚上，咱们不醉不归，大家不要太拘谨，现在大家把头盔拿下来，并拔掉璎珞，尽情喝酒吃肉！"

　　坐在下面的唐狡听到了楚王的宣布，紧绷的心终于松弛了下来。刚才蜡烛熄灭，鬼迷心窍的他居然把手伸向了大王的宠妃，还留下了把柄。他以为自己这次肯定人头不保，没想到大王居然为了保护他，让全体将士拔掉璎珞。这让他羞愧难当，而又万分感动。

　　三年之后，晋国侵犯楚国，楚军中出现了一位英勇无敌的将领，他带领百名士兵把楚庄王从乱军中给救了出来，同时恳请出任先锋一职，带领士兵英勇杀敌，致使晋国大败。这名年轻的将领就是当年宴会上轻薄许姬的人——唐狡。

唐狡酒后糊涂冲动，差点犯下弥天大错。如果楚庄王听从爱妃的建议，查找出此人并重罚，不仅会让宴会变得一团糟，而且还会令众将士寒心。楚庄王只是把责任归结到客观因素上面，从而保全了唐狡的颜面以及性命，并用宽容的态度激发了他戴罪立功的心，后来唐狡不顾自身性命立下大功。

懂得用一颗宽容的心态去面对下属，是一种睿智的表现，这种度量必将会赢得事业的蓬勃发展。管理者的秉性不尽相同，员工的缺点不一而足，如果管理者锱铢必较，不给一线悔过自新的机会，又怎么能看到员工表忠心的那一天呢？

第九章
谁替下属背猴子，
早晚把自己也累成猴子

一个团队最完美的运转状态应该是怎样的？其实一个词就能够概括，那就是各司其职。只有团队当中每个人都能完成自己的职责，那么这个团队就不会出问题。

身为一个团队管理者，最重要的事情不是做好团队里面的每一件事情，而是做好你自己应该做的事情。只有学会用人、放权，才能保证团队正常运转，达到各司其职的状态。

授权都不会，活该你受累

有的管理者喜欢事必躬亲，不管大事小事都要亲自过问，这样的管理者是费力不讨好；有的管理者躲在办公室里，只会发号施令，跟员工产生距离也不在乎，有事儿也找不到他，这样的管理者太有官架子；还有一种管理者，非常受欢迎，把任务合理分配给属下，并在员工需要的时候及时出现，这样的管理者是真的懂管理、会带队。

有的管理者天天喊累，是因为他不放心下属的工作能力，不管什么事情都要亲自过问，所以工作异常辛苦。

诸葛亮头脑聪明、神机妙算，但他只能当一个英明的军事，却做不了好的管理者。他帮着蜀国打下了江山，却在守江山时遇到了大问题。因为他不懂放权，也不甘心放权，每天忙忙碌碌、殚精竭虑，最后呕心沥血，累到疾病缠身。有他的时候，一个顶一万个；可是他死后，却导致"蜀国无大将"人才缺失的危机发生。

美国的一位管理学家比尔·翁肯提出过一个十分有趣的理论叫作"背上的猴子"。所谓"猴子"指的是企业中员工的任务，

比尔·翁肯说，管理者想要做好管理工作，就要让不同的员工背上不同的"猴子"，然后让他们各自喂养，他们便会为了背上的猴子更强壮而想尽各种办法，工作热情、责任感也就因此产生了。在这个过程中，管理者的授权及"量人授权"很重要。

员工的工作任务，一部分是绩效表上列举出来的本职工作，还有一部分则是管理者的工作分配。如果管理者每天都把自己搞得很累，员工轻松之余却对管理者的能力表示怀疑，管理者就要思考一下是不是自己帮员工背了"猴子"，却不自知呢？员工希望自己的管理者，既有业务能力又有管理能力，可人的精力是有限的。管理者学会放权和信任，才能实现轻松有效的管理。

有些管理者特别喜欢"深入群众"，哪怕一张A4白纸之类的小事也会过问，让员工觉得时时处处受到约束。换种角度来看，如果无论大小事事过问，那身为管理者得有多累呀！在基层工作时，就踏踏实实工作；提升为管理者之后，就要舍得将自己的权利放出去，能将授权与控权的尺度把握好就是管理者的能力了。

老于在公司兢兢业业多年，终于被提拔成了业务经理，这也算是对他多年以来认真付出的肯定。老于变成了于经理，他认为自己不能因此就改变自身的工作方式，必须坚持对自己的严格要求。让手下看到自己的态度，把自己打造成团队里的工作榜样，才能建立一种理想的管理秩序。

于是，别人都是朝九晚五，而他总是出勤劳模。为了给员工做一个好榜样，也为了公司对他的升职加薪，老于每天都拼命又认真地工作着，感动了自己，却没想到激怒了员工。原来，老于当了领导之后，管的事情更多了。原来他只负责自己的工作，现在整个团队的大事小事他都要负责。他想以自己的勤奋带动员工的努力，从而提高公司的业绩。但事与愿违，他事无巨细地指挥并没有带动员工，反而使员工的激情减弱，只有老于成了公司最忙碌的人，而员工们也成了"撞钟的和尚"。

眼看老于的脸色越来越憔悴，他的手下却丝毫没有压力，特别清闲。最可怕的是，他的部门业绩已经排到了末尾。这让老于特别想不通，为什么自己做得这样出色，员工却不像他期望的方向发展。他不但没有改善公司现状，反而使问题更严重了，这让他很自责。

当他越想越有压力的时候，他决定跟董事长谈一谈，能不能让他回到原来的职位，因为他认为自己不是一个好的管理者。董事长把老于的所作所为都看在眼里，他明白这个老员工的责任心和上进心都是出类拔萃的。至于为什么带不好团队？还是需要人力资源经理去了解一下情况。调查清楚之后，董事长跟老于长谈了一次。

"你为什么不愿意再当领导了？是遇到什么问题了吗？"董事长假装不知道事情的原因。

"董事长，我也不知道为什么，我就想着自己好好干，给大家做个好的表率，所以部门大小事我都管着，可员工们就是不配合，他们提不起精神来工作，我累死累活也得不到他们的一个'好'，这队伍也太难带了吧。"老于不禁替自己感觉到委屈。

"不是员工的问题。"董事长笑笑说，"这是你自己太'努力'了，你想一下，如果我把你的工作都做完了，你会怎样呢？"

"我太努力了吗？"老于不解地问。

"是的，这件事很好解决，你将你大量的工作分给下属去做，按照难易程度分给不同的人，并告诉他一定要出色地完成任务，如果遇到困难无法解决时再来找你。"董事长说。

"啊！这样就可以吗？"老于充满了不解。但董事长让他就按自己的话去做，看看效果如何。

于是，老于回去后重新规划整理了部门工作，并把大量的工作都分配给相应的人。这样一来，他只需要定期找员工了解进度就可以了。轻松下来的他有时间思考有关部门发展方向的问题，而下属们的工作积极性也明显提高了。季度末时，老于的部门为公司交上了一份满意的答卷，业绩飞速提升。

老于是个聪明人，董事长给他指明了带团队的技巧，他从中举一反三，明白了合理分配工作和奖惩制度的激励作用。如此一来，员工们的工作热情更高了，公司的业绩也节节攀升，到了年底的时候，他们部门从上到下都收到了丰厚的年终奖。

身为管理者，第一步就是要学会授权，把手中的权力分派下去，同时也要把工作分发下去。不要不敢放手让员工去做，否则自己忙碌疲惫，而员工却因为无法实现自己的价值找不到存在感，工作态度变得消极。好的管理者需要向大家证明的不是自己多"有才"，而是如何让团队更"有才"。授权，是一种减轻自身工作量的方法；授权，是一种培养员工责任心的手段；授权，更是保证企业长足发展的管理策略。

千万不要替员工"背猴子"，否则你只能被背上的"猴子"给累倒，却没人心存感激。

既然把权给了他，不妨尽量相信他

企业聘用到人才之后，聪明的管理者就要做到"疑人不用，用人不疑"。这句话说起来简单，但做起来有难度。因为，当团队中出现了精明强干的员工，管理者会不自觉地进行监督或者排查，直到自己确定可以放权而不会遭到背叛。但是对于员工来说，在其位却不被信任，往往会心生怨恨。

每一个工作场合都是一个磁场。当我随便走进一幢写字楼，随便走进一间满是员工的办公室，我会马上感觉到里面的磁场——是人心涣散的磁场，还是人心凝聚的磁场？作为老板，对员工首先要做到"用人不疑，疑人不用"。管理者用人就应该赋予他权力，释放职场信任，会让员工工作踏实、卖力甚至是忠心耿耿。相反，那些疑心重重的管理者会遭到员工的反感或排斥，甚至有可能是背叛。这是一种恶性循环，不信任导致不忠诚，不忠诚会继续遭到质疑。

一家汽车配件生产企业的技术总监，来到了车间查看工作进度。面对总监的巡查，车间负责人特别有信心地说："保质保量完成任务，一切都没有问题。"听到他这样的豪言壮语，总监并没有满意点头离去，还是要求到车间去看看，说这样他的心里才有底。

车间负责人不敢相信："您不相信我的保证？以前这些活儿都做过，保证按时供货，不会出什么差错的。您是不是怀疑我的能力呢？"

总监却回答道："不怀疑是相对的，怀疑是绝对的，你不明白这个道理？"说完他就朝车间走去，认真检查每一个环节。

这件事给车间负责人很大的打击。他做完了这一批产品，就提出了辞职。外人不懂他的冲动，只有他自己知道，与其被总监怀疑能力施展不开手脚，还不如寻求一个信任他的地方。不知道总监知道原因后，会不会后悔因为自己的多疑，导致公司失去了这么优秀的员工。

"任人之道，要在不疑。宁可艰于责人，不可轻任而不信。"一个善于用人的管理者，绝不会轻易怀疑下属，而是敢于将权力下放，并能够运用巧妙的管理方法，显示自己用人不疑的气度。从某种意义上讲，管理者的信任和下属的业绩是成正比的：管理者给下属多少信任，下属就还给管理者多少业绩。

为什么管理者不喜欢放权，不能充分信任自己的属下？有两个原因：一是他们认为别人不可能做得跟他们一样好，二是害怕放权后，下属会权力膨胀，做出不利于自己的事情。不管哪个原因，其实就是不信任自己的下属。

在职场中，我们常常会听到这样的抱怨声："我和领导相处得很不愉快，因为无论大事小情，他都要一一过问，眼睛就像黏在我身上了一样。""我们部门的经理总是嘴上说'你办事，我放心'，但实际上，他对我是极其不信任的，总是不断地查岗，问我的工作进度。"这些抱怨声反映出一个管理问题——多疑。

管理者多疑的后果是很可怕的，不敢授权、不善于授权，员工很难做出成绩。管理者的信任和下属的业绩是成正比的：管理者给下属多少信任，下属就还给管理者多少业绩。所以说，下属能创造出色的业绩，既与自身的努力和能力有关，同时也是管理者高度信任的结果。

胡依依是一家公司的市场部经理，她的工作能力非常强，但是因为性格有点倔，所以经常跟老板闹得不愉快。矛盾积累下来，她就准备辞职了。业内公司都认识她，跳槽并不是难事。很快，一家公司聘用了她，职务不变，工资更高。

虽然两家公司是竞争对手，但是胡依依的老东家尊重她的选择，也相信她有自己的原则，根本不需要多说。而她来到新的公司之后，依旧非常努力，很快就对业务上手了。谈客户、跑业务，早出晚归，废寝忘食，她希望可以在这里开创一片新天地。可是，就在她满怀希望地描绘未来的美丽蓝图时，一件事情的发生让她满怀热情的心冷却了下来。

胡依依的新上司是市场总监贾总，早就听说这个人生性多疑特别小心眼，胡依依早就有防备。俩人并不是经常见面，所以还是客客气气的。但是几个月之后，贾总开始怀疑胡依依了。他觉得公司和胡依依的老东家竞争非常激烈，而且她在原公司的职位也很高，如今跳槽到这里，目的肯定不单纯。他觉得胡依依是个非常精明、圆滑的女人，肯定不会甘于挣那点不高的薪水，一定会报假账、拿回扣，甚至会私吞公款。于是，他决定请会计查胡依依的账。

会计并不支持贾总查账，认为这种事情会伤害同事，就想劝劝贾总："你既然用人家了，就不要怀疑人家。如果查不出什么问题，不仅伤了胡依依的心，而且你也会很尴尬的。而且大家都觉得她没有二心，每天都特别忙，为了工作特别拼。"

但是贾总决心已定，根本不听劝。会计只好查了胡依依经手的账目。结果证明，胡依依是清白的，没有占公司一分钱的便宜。

这件事被胡依依知道之后，她十分生气。她最讨厌这种不被信任的感觉，明明问心无愧，还要被领导怀疑。再加上贾总对她若即若离、阴阳怪气的态度，她决定好好地报复一下这位生性好疑的总监。

报假账，拿回扣，私下抢贾总的客户，甚至将公司的商业机密卖给竞争对手……好强的胡依依工作起来是女强人，复仇的时候也是丝毫不考虑后果。等到公司财务发觉不对劲时，公司的损失高达百万。

作为领导的贾总，对下属持如此强烈的怀疑态度，只能给管理工作造成障碍，阻碍团队的良性发展，这种强烈的不信任感于己于人于企业而言都有害无利。

信任是网罗人心，和谐上下关系的不二法门。如果管理者能够选出有才之人，并对其充分信任，敢于授权给他们，那么，既显示出自己宽广的胸怀，又能给集体带来正能量，大家定然会团结一致向前走。

授权到位，并不是说要做甩手掌柜

什么是授权？管理者把一部分权力转移给下属，让他们拥有处理工作的资格。公司的内部结构决定了授权的必要，没有人能挑起所有的重担，科学分解、合理授权，就能让管理者轻松一些。他们可以从繁杂的事务中解放出来，更好地关注未来的发展方向，以及一些重大政策的调整。

但是问题随之而来，授权到底意味着什么？是过度信任，完全不管做甩手掌柜？还是适当监控关注，避免下属内心膨胀，造成企业管理混乱的局面？历史上的王侯将相，能打得了天下，却未必能管得了重臣。很多君王因为授予下属太大的权力，导致自己的皇位被篡夺。其实治理企业就如同治理国家，如果给予下属太大的权利，就容易导致下属欲望膨胀，想要的越来越多。此时再想力挽狂澜，难度会非常大，损失也会特别重。

如果管理者给予下属太过庞大的权力，后果不是能够轻易控制的。所以管理者必须懂得授权不等于放任自流，任其发展。必须保证权力发挥积极的一面。因此，管理者应该建立科学的监控方法，并且不断地完善管理体制。对于那些因为权力过甚而放纵的下属，绝对不能姑息，需要采取措施果断处理。

春秋战国的齐桓公十分欣赏管仲的才能，给他的官位一升再升，大家都知道"仲父"是齐桓公最宠爱的大臣。

有一次，齐桓公又想给管仲"升职"，赋予他更多更大的权力。于是他召集大臣们说道："管仲的才能你们都看到了，我打算给予他更大的权力，赞成的话就站在寡人的左边，不赞成的话就站在寡人的右边。"

其实大臣们早就看出了齐桓公的意图，也都承认管仲的能力。很快，其他所有的大臣都做出了选择，只有大臣东郭牙站在中间，齐桓公觉得很奇怪，于是询问原因，东郭牙说道："大王觉得管仲可以靠着他的智慧平定天下吗？"

齐桓公毫不犹豫地点点头。

接着，东郭牙接着问："那您认为他有没有成大事的决断力呢？"

齐桓公又是想都没想就点了点头。

最后，东郭牙说："您承认他既有平定天下的智慧，又有决断大事的能力，还要赋予他更多的权力，难道您不觉得危险吗？"

齐桓公沉默了一会儿，觉得东郭牙的话很有道理，于是就让鲍叔牙、隰朋等人与管仲同列，牵制管仲。

齐桓公就像是企业的管理者，而他的大臣就是他的下属，管仲是最得宠的员工。如果没有东郭牙等人的劝阻，那么管仲就是"一人之下万人之上"。把权力肆无忌惮给予管仲，那么管仲的权力势必会牵动齐国上上下下。在东郭牙的提醒下，齐桓公想出让其他大臣牵制管仲的办法，目的就是为了防止管仲的权力发展壮大。

授权不等于放任自流，对下属的权力进行科学监控是避免企业出现不和谐的手段，同时也能提升企业整体实力，为企业营造出一个完善的管理机制。权力是老虎，能帮助管理者腾飞，但也会伤人。合理用权，才是对公司负责的表现。

小权尽量放下，大权必须紧抓

如今市场经济形势越来越严峻，企业和管理者面对的压力也更大了，如何给自己减压，我们提倡管理者信任下属，并合理授权。有人因为授权变得轻松，企业的发展更有活力；有的人却因为授权濒临破产危机，团队管理与企业发展一团糟。之所以会出现这样或者那样的问题，是因为管理者还没意识到授权的真谛：大权掌握在自己的手中，小权要分给下属。

事情有大小之分，人的能力有高低之别。管理者把握好大小

权的分配方式，接下来就要"因事择人，视能授权"。能力大的人能替管理者分担难度更大的工作，应该适当多分配权限。能力一般的员工，可能会因为接到这项工作的处理权就处于一种兴奋状态了。那么授权任务最重要的一半，就已经完成了。

权力的合理分配，是完善管理工作的重要一步；而不负责任的放权，结局是膨胀了个别人的野心，却没有激发下属的创造性和积极性，更不能很好地带动企业的发展。严重的话，还会起到很大的负面影响，给企业造成无法估量的损失。

吴大伟自己开了一家公司，他在别人那里听说了"权力分配"的重要性之后，就决定自己要做一个既开明又省心的老板。他招来几个职场精英，明确告诉他们岗位的职责，希望他们能好好工作。

为了显示自己对下属的信任，他开会布置工作的时候，总是要说这么一句话："这个工作就交给你了，具体怎么做你看着办吧，我给你充分的权力去处理这个事儿，相关的部门和同事你直接调遣，不用跟我请示。这件事什么时候有了结果就告诉我一声。"

下属听了老板的话，面面相觑：还从来没有遇到过这样的甩手掌柜呢，分配的权力还真是不小。吴大伟很潇洒地离开了会议室，留下部门负责人在一起讨论。他认为自己是个很好的老板，因为他很信任自己的下属，把权力完全下放给自己信得过的人，并相信他们一定可以很好地完成工作。可以说，他的下属在他的领导下能完全放开工作，不会有拘束感，不会觉得被束缚住了手脚，可以完全按照自己的意思去做这项工作。

那些部门经理开始着手工作了，他们每个人手里的权力都大得很，经常为了抢人而发声争执；还有经理滥用职权，完全忽视了公司的规章制度，让员工无所适从，怨声载道；更有些经理认为领导之所以这么大放权，是因为工作不重要，老板要的只是结果，否则怎么一点儿也不紧张？尽量做好就是，至于最后做不好也没什么太大的关系，老板根本就不太重视嘛！

就这样，吴大伟交代给下属的事情，要么做得乱七八糟、虎头蛇尾，要么动用了大量的人力物力、十分不值。当吴大伟看到下属的办事效率和结果，马上就召集他们开"批判"大会："你们做的工作，自己觉得满意吗？我完全放手，是对你们的信任，你们就是这么敷衍我的吗？"

其中一个员工大着胆子回应了老板的问题："吴总，您给我们权力是没错，但是您也不能完全不管啊？您才是公司的管理人，大方向需要您给指出来，遇到难题也希望您定一个解决方案。如果您不参与不监督，我们属于群龙无首的状态，又怎么可能把工作做好呢？"

吴大伟听后若有所思，没有继续责怪他的员工。后来，他就改变了自己的管理风格。当他把一项工作的生产计划交给下属，就会明确告诉下属："这项工作由你来全权负责生产计划的实施。人员的调配、原料的供给以及机器的使用全部由你来安排。但是，你要定期向我汇报工作的进度以及工作中遇到的各种问题。遇到棘手的问题要尽快通知我，并在我的授意下处理。如果是你力所能及的问题，你自行解决就行了。总之，我要最好的结果。"

员工的一席话，实际上道出了授权的实质。如何合理的授权对于企业的发展起着至关重要的作用。这就如同是一座大水坝的闸门，不经常开闸泄洪不行，大量的洪水流不出去会把整个水坝冲垮；但是如果总是大开闸门，那么水坝将会失去它应有的作用。

权力要下放，但是大小权要分清，大权握在自己的手里，小权分配给下属。放权处理得好，毫无疑问，将会推动企业向前快速发展，更可以很快地为企业培养出一批又一批有能力的管理者；但是，如果放权处理得不好，那么就是乱授权职。这种情形导致的后果和不懂授权一样严重，将会造成恶劣的影响和难以弥补的损失。

大权在手，是为了更好地调控团队的整体工作进度。分配给下属手中的权力，应该是能够让他们既能尽情发挥能力，又能被管理者把控方向，工作方向稍微有些偏差，也可以被尽早发现，自然可以取得好的结果。

自古以来，皇帝都要把握住兵权，因为他们明白这种权力丢掉了，随时就面临亡朝的危险。至于其他政务上的事情，他就可以信任很多人，给他们很多的权力，以协助皇帝牢牢保住皇帝的位置，让整个天下太平昌盛。一个军队之中必定有一个统帅掌握军政大权，他可以把所有的小权分给自己的部将，但大权一定不能放。试想一下，如果统帅把军政大权都全部放给了自己的下属，那将会出现一种什么样的局面？

大权是规划、目标和方向，小权则是实施与细节。管理者要想不累，就要有舍有得，牢牢把握大权的同时，信任下属的工作能力。这样大小权力结合起来，才能构建宏伟的目标。大权握在自己的手中，并不是不信任下属，而是管理的小绝招。

最聪明的管理方式叫——无为

管理者在其位则谋其政，但如何当好管理者，怎么管好人和事，既是学问也是艺术。现代社会竞争激烈，不断要求管理者提高自身素质，才能成为一个好的领导。我们明白了分权的重要性，把可控的事情分派给属下去做，接下来就要好好思量一下自己怎样才能成为高明的管理者。

管人有管人的技巧，做事有做事的窍门。擅长管理人的人，运筹帷幄、气定神闲。他们合理分配权力，所有员工都会心甘情愿地听从指挥，尽心尽力地做事情。如此一来，管理者牢牢抓住人心，管理轻松高效，所有的事情都能有条不紊地进行。这样的管理者能够让自己在集体中立于不败之地，还能让企业的发展更加蒸蒸日上。

相反，不擅长管理人的管理者，每日辛苦奔波，却会焦头烂额、顾此失彼。如此辛苦却换不来好的结果，员工不服、人心涣散，一盘散沙又怎会爆发出力量？

　　这两种管理者都是工作中经常遇到的，大家佩服那些善于管理人的人，因为他们把管理术运用得炉火纯青、毫不费力。他们把管理这门艺术修炼到了无为而治的境界，让人瞠目结舌的同时，也使得自身在管理这个大池塘里如鱼得水，挥洒自如。

　　没错，无为而治正是最聪明的管理方式。但什么才是无为而治，老子对这个概念解释得最准确到位。

　　有个人求教老子："如果一个人做事勤奋，观察力敏锐，行动力果断，那么这个人就能够做个好官员了吧？"

　　老子不以为然："这个人可能是个好官，但是他却做不成大官。就算他有才能，但是却也会被自己的才能所累，使自己很累却又管理不好下属。这就像是虎豹因为身上有美丽的斑纹而招致猎人的捕杀，猎狗擅长捕猎而被人拴上绳子。有时候，这样的优点反而会束缚住了人们的手脚。"

　　对方非常疑惑："那究竟什么样的官员才是好官员呢？"

　　老子娓娓道来："好的官员可以让众人都知道他的好，但这些好却又与他无关。他帮助周围的人，使人们成长，但别人却丝毫感觉不到他的帮助。他通过自己合理而有效的管理制度，潜移默化地影响周围的人。"

　　无为而治绝对不是无所作为，而是做到胸有成竹。懂得无为而治的管理者，会事先做好计划，并给下属一定的权力。他们仔细斟酌眼前的情形，合理安排工作，却又不会听之任之。管理却不过分约束，放手却又在无形中掌控大局。

懂得无为而治的管理者要随时留心下属的动向，及时发现下属在自身权力范围内出现的问题并给予解决。无为而治的管理者要懂得分离职权，为下属创造一个宽松而又充满活力的工作环境。

办公时间，行政部主任曲静正在自己的办公椅上闭目养神，突然被从外面经过的总经理发现了。总经理看到她的姿势非常生气，再看看她的电脑都没开，顿时开始训人了："你在干什么？上班时间不工作，在这睡觉吗？要是这么困，就回家睡去。"他说完就盯着曲静，想看看她该怎么解释。

出乎意料的是，曲主任并没有出现他预料之中的慌乱和不知所措，而是笑着站起身来，轻描淡写地回了一句："我在管理我的手下呀。"

"管理手下？手下在哪？怎么管理？你这不是在说梦话呢吧！"总经理越说越生气，还没发现这个行政部主任什么时候变得如此强词夺理了。

"是这样的，有个同事建议我引进一套心理测验设备来诊断所有新员工的心理状态，我觉得这个方法不错，正在考虑要不要采纳。"曲静不慌不忙得回答。

"原来是这样，但是你除了这件事，就没有其他工作了吗？你看看你的电脑，再看看你的桌子，什么也没有。你是怎么开展工作的？"总经理可不是好"糊弄"的人呢。

"总经理，我的手下不是那些建筑工地的民工，也不是那些只会抄抄写写的菜鸟，他们都有很强的能力。我给他们的权力是除了例行业务之外，都可以在权力范围之内自行决定一些事务。老实说，我是让他们替我分去了自己肩上的担子。当然，在每天上班之后，我的第一件工作就是排出当天工作的轻重次序表，然后授权，去交给他们处理。我给了他们权力，也相信他们有能力处理好那些事情。而我自己，则主要管思考和决策。"曲静如此回答，态度不卑不亢。

总经理听完她的这一番解释，已经怒气全消。他相信，这是曲静的管理办法。回想她上任以来这个部门的表现，还真是跟以前不太一样了。员工工作井井有条很少犯错，大家的态度积极团结，让其他部门都很羡慕，原来都是因为曲静的"无为而治"啊。

"可是，我还有一点不明白，你这么信任你的下属，如此放任他们去处理事情，一旦遇到难题他们解决不了怎么办？又找谁来解决？"

曲静又笑了："自然是来找我。我给下属们遇到难题自行解决的机会，相信遇到过一次难题后，他们下次再遇到同类的难题时，那难题已经不叫难题了。"

无为而治可以说是企业管理的最高水平，这种管理方式化有形为无形，管理者不会焦虑，职工更加有干劲儿。所以，这种方式值得每个管理者修炼践行，提高自己的管理境界，是成就大家的最佳途径。